M

Papel certificado por el Forest Stewardship Council®

Primera edición: noviembre de 2024

© 2024, Reysa B
© 2024, Penguin Random House Grupo Editorial, S. A. U.
Travessera de Gràcia, 47-49. 08021 Barcelona
© 2024, Guillermo Ortiz, por la edición
© 2024, Loopy Teller Studio, por las ilustraciones
Imágenes de interior: iStock

Printed in Spain – Impreso en España

ISBN: 978-84-10298-28-6
Depósito legal: B-16.046-2024

Compuesto por Miguel Ángel Mazón Studio
Impreso en Gómez Aparicio, S. L.
Casarrubuelos (Madrid)

GT 9 8 2 8 6

REYSA

99

curiosidades que nadie sabe sobre el

FÚTBOL

montena

ÍNDICE

CORTITA
Y AL PIE

¡Hola, amigo del fútbol! Mi nombre es REYSA, y, si ya me conoces por mis vídeos de retos de fútbol de TikTok, Instagram o YouTube, sabes que el fútbol es mi vida. Si no sabes quién soy, no te preocupes porque, si te gusta el fútbol, vamos a llevarnos muy bien. Hoy quiero compartir contigo algo un poco diferente y muy loco, pero que me hace muchísima ilusión: mi primer libro, *99 curiosidades que nadie sabe sobre el fútbol*.

Desde pequeño he vivido rodeado de un ambiente futbolero. Nací en Gallarta, un pequeño barrio cercano a Bilbao, y crecí con una gran pasión por el Athletic Club que me transmitieron mi *aita* («padre», en euskera) y mis *aitites* («abuelos»). Toda mi vida he jugado al fútbol: empecé en el CD Gallarta, el equipo de mi barrio, y después estuve jugando bastantes años en el Sestao River. Nunca me consideré ni el mejor ni el peor en el campo, pero siempre amé cada minuto que pasé con un balón en los pies.

Como he dicho, el fútbol es mi vida y cualquier recuerdo que tengo de este bonito deporte es bueno. Nunca olvidaré todos esos momentos con el balón en los pies, coleccionando cromos, yendo a los entrenamientos del Athletic a sacarme fotos con los jugadores, viendo partidos con mis padres en casa o en un bar, y sobre todo, mis primeras veces en San Mamés.

Más allá de jugar, siempre he tenido una curiosidad insaciable por el fútbol. Me encanta investigar, profundizar y descubrir esas pequeñas historias y datos que no suelen aparecer en los titulares. Esas curiosidades y secretos que muy pocos conocen son los que me han llevado a escribir este libro.

Aquí encontrarás 99 historias y datos sorprendentes sobre el fútbol, que van desde lo más divertido hasta lo más asombroso. Vas a conocer anécdotas y hechos que ni te imaginas. Prepárate para compartirlos con tus amigos y deja a más de uno (por no decir a todos) con la boca abierta.

Este libro es para ti, que, como yo, sientes el fútbol en las venas. Es para los que viven y respiran este deporte, para los que disfrutan tanto en el césped como en las gradas, para los que nunca se cansan de hablar de fútbol.

Dicen que cada día se aprende algo nuevo. ¿Estás preparado para hacerlo 99 veces?

Los ingleses siempre dicen que ellos inventaron el fútbol, y es verdad que pusieron manos a la obra y redactaron las quince reglas que todavía dan forma al reglamento actual y que lo diferencian, por ejemplo, del rugby o del fútbol americano. Pero, ojo, que algo muy parecido al fútbol ya se jugaba en Grecia, en Roma y en algunas zonas de Centroamérica. **Darle una patada a un balón es algo casi universal en la historia de la humanidad.** Incluso se dice que los antiguos chinos ya jugaban en el 2300 a. C. a algo que se podía definir como «fútbol», porque ya entonces se jugaba con el pie (*foot*) y había un balón de por medio (*ball*).

AQUÍ EMPEZÓ LA SAMBA

En la ciudad de Zibo, unos 400 kilómetros al sur de la actual Beijing, era habitual ver a las tropas del ejército chino haciendo malabares con un balón. Había que manejarlo con varias partes del cuerpo, incluido el pie. Lo que no se podía hacer era tocarlo con la mano. A este juego lo llamaban *cuju*; constaba de doce jugadores por equipo y una portería llamada «el ojo por donde circula el viento». Loquísimo todo. Al *cuju* jugaban señores feudales, reyes y humildes campesinos, militares y funcionarios. Ya tenía ese carácter de juego del pueblo que tiene ahora.

Lo que no había, eso sí, era VAR.

Lo más parecido a un balón de fútbol como los que usamos ahora cuando salimos al patio o nos vamos con los colegas al parque también viene de China. De verdad, parece que esta peña lo inventó todo. Lo que pasa es que no tenía mucho que ver con el de ahora y daba un poco de asquito, la verdad. Y es que lo que hacían era coser la ropa, trapos o lo que tuvieran a mano, dejaban un agujero y lo rellenaban con basura para dar consistencia a la pelota.

Imagínate cuando llegaba el pro del barrio y le metía con todas sus fuerzas… **¡La basura podía salir por todos lados!**

¡JA, JA, JA, JA, JA!

SIIIIIIU

Con los años, la cosa fue mejorando, pero poco: en Europa, cuando llegó la moda allá por la Edad Media, lo que hacían era inflar vejigas de cerdo (¡qué asco…, a saber con qué!) y utilizarlas como balones. Aunque parezca increíble, fue una costumbre que duró siglos.

Afortunadamente, desde hace ya mucho tiempo, los balones son de cuero sintético, se inflan metódicamente y no hay que andar matando animales ni recogiendo los restos de los rollitos de primavera del vecino.

TE TIRO UN FACTO

Un dato curioso: se calcula que hasta el 80 % de los balones de fútbol del mundo se fabrican en Pakistán.

A principios de la década pasada, Neymar jugaba en el Santos y apuntaba a ser el sucesor de Leo Messi y Cristiano Ronaldo. El pavo era la leche: regate, velocidad, tiros imposibles. El sueño de la FIFA, vaya. El Barcelona lo sacó de Brasil por 88 millones de euros, que en 2013 era una barbaridad…, **pero es que lo vendió cuatro años más tarde al PSG por ¡222 millones de euros!** Una salvajada que pagaron los jeques cuando el jugador ya apuntaba a un cierto declive (aunque no bajara la media, tranquilo).

TE TIRO UN FACTO

¿Sabías quién es el español más caro de la historia? Te vas a quedar a cuadros: Kepa Arrizabalaga, que en 2018 se fue del Athletic de Bilbao al Chelsea a cambio de 80 millones de euros. ¿Qué hizo el Athletic? Pues tirar de cantera: ahí tienes, desde entonces, a Unai Simón.

LOS TRASPASOS MÁS LOCOS

Cuando hablamos de los precios de los jugadores, hay que tener en cuenta que la mayoría de los clubes prefieren no decir toda la verdad. Hay fijos, hay variables según los trofeos que ganen… y, si dices de entrada lo que has pagado con pelos y señales, puede pasar que te digan que has hecho el tonto o que venga Hacienda y te metas en un lío. Así que vamos a tomarnos la siguiente lista con un poco de precaución, pero que nos sirva para orientarnos un poco. Los diez traspasos más caros de la historia han sido:

1. **Neymar:** del Barcelona al PSG por **222** millones de euros (2017).
2. **Kylian Mbappé:** del Mónaco al PSG por **188** millones de euros (2018).
3. **Ousmane Dembélé:** del Borussia Dortmund al Barcelona por **135** millones de euros (2017).
4. **Philippe Coutinho:** del Liverpool al Barcelona por **135** millones de euros (2018).
5. **Moisés Caicedo:** del Brighton al Chelsea por **133** millones de euros (2023).
6. **Joao Felix:** del Benfica al Atlético de Madrid por **126** millones de euros (2019).
7. **Declan Rice:** del West Ham al Arsenal por **122** millones de euros (2023).
8. **Enzo Fernández:** del Benfica al Chelsea por **121** millones de euros (2023).
9. **Antoine Griezmann:** del Atlético de Madrid al Barcelona por **120** millones de euros (2019).
10. **Jack Grealish:** del Aston Villa al Manchester City por **117** millones de euros (2021).
11. Y, detrás, pues **Bellingham**, Cristiano cuando se fue del Manchester United al Real Madrid y luego del Madrid a la Juventus y Gareth Bale cuando lo fichó Florentino Pérez en 2013.

LLORANDO POR LAS ESQUINAS: NO HAY QUIEN MARQUE DE CÓRNER

«El defensa despeja como puede,
el balón sale por la línea de fondo
y los aficionados se vienen arriba.
¡Es saque de esquina!».

Parece una oportunidad muy clara por lo serios que se ponen todos, los aga-rrones, la tensión…, pero, en realidad, es una jugada bastante F en lo que respecta a los resultados finales. **Según estudios realizados en España en-tre 2012 y 2021, solo entre el 1 % y el 4 % de los lanzamientos acaban en gol** (y buena parte de ellos los habrá marcado Sergio Ramos, me apuesto lo que quieras).

MALA VIBRA…

Eso quiere decir que, en el mejor de los casos, **necesitas 25 córneres para meter un gol** y lo normal por partido es que un equipo tire de cór-ner cinco o seis veces, si le echa ganas. Haz tus cuentas. Hay equipos que incluso prefieren ceder un córner a despejar mal el balón porque lo consideran menos peligroso y entrenan la defensa como locos. Los más avispados preparan incluso la continuación, es decir, el contraataque tras el córner, así que cuidado: la cantidad de goles que vienen después de un mal saque de esquina puede ser mayor que por un córner bien sacado.

¡VAYA LOCURA!

Antes de que Florentino Pérez fichara a Ronaldo, los galácticos ya estaban interesados en el fútbol. Pero me refiero a los galácticos de verdad, los del espacio exterior, que, supuestamente, se plantaron encima del estadio Artemio Franchi, en Florencia (Italia) un 27 de octubre de 1954. **Los 10.000 espectadores que estuvieron ahí se quedaron de piedra cuando vieron unos objetos «con forma de puro cubano»** que se movían de forma muy rara: unos se dirigían a la catedral y otros se quedaban a ver el partido (¿inventaron los extraterrestres el *streaming*?).

El partido tuvo que suspenderse porque la gente se volvió loca y quería salir corriendo. **¿Eran de verdad ovnis o fue alguien que quiso hacer la broma?** Los que aún lo recuerdan tienen claro que aquello eran naves espaciales, pero, claro, siempre es más divertido decir que has visto un extraterrestre a que has visto aparatos militares. Vete a saber. Al fin y al cabo, un ovni es un «objeto volador no identificado» y estos objetos volaban sin que nadie los supiera identificar, así que…

SI TE VAS A METER UN GOL, NO TE CONVIERTAS EN UN MEME

Hay defensas muy despistados que son carne de TikTok. Los típicos que se tragan un regate o que rematan contra su portería sin querer, o que no miran atrás y hacen una cesión al portero cuando el portero se había ido a comprar pipas. El caso extremo del despiste sería hacer esto mismo después de que el árbitro pitara falta o fuera de juego a tu favor. En esos casos, el equipo beneficiado tiene que sacar mediante un tiro libre directo o indirecto, en función de la infracción. **Si resulta que el cojo de turno va y se la pasa a lo bruto a su portero cuando no está en la portería y el balón va rodando, rodando, rodando… hasta cruzar la raya de gol**, ¿qué pitaría el árbitro?

GOL, ¿NO? ¡SE ABRAZAN LOS JUGADORES!

Pues no. Si nadie ha tocado el balón después de un tiro libre directo o indirecto y el balón entra en la portería propia, el árbitro tiene que pitar ¡córner! Y, como ya hemos visto, no es lo mismo. **Te libras de la bronca del entrenador, pero te conviertes en un meme viral al instante.** Ahora bien, si el que saca el córner consigue también meter gol en su propia portería, tampoco vale. A mí me parece una injusticia porque el mérito de meterse un gol desde el córner contrario merece como mínimo una ovación cerrada y una entrega de medallas.

TE TIRO UN FACTO

Hasta 28 goles en propia puerta se metieron en la liga española durante la temporada 2023/2024. Don Propia Puerta habría sido el pichichi con muchísima diferencia. Igual que en la última Eurocopa.

No, no es Luis de la Fuente. De momento, al menos. **Cuando pensamos en grandes seleccionadores, nos acordamos de Vicente del Bosque.** O nos imaginamos que algún brasileño o algún alemán habrá ganado un chorreo de Mundiales.

«¡MIRÁ QUE TE COMO, HERMANO!».

En 2022, el año que ganó la Argentina de Messi, Didier Deschamps estuvo a punto de conseguirlo. Había ganado con Francia el Mundial de 2018 en Rusia, a lo Napoleón, y solo el Dibu Martínez le impidió que repitiera, en Qatar, en tanda de penaltis.

También Zagallo, compañero de Pelé como jugador y, posteriormente, entrenador de Brasil en 1970, estuvo a punto de repetir en 1998, pero se cruzaron… los franceses de Zidane. **El único que ha conseguido dos títulos mundiales y además consecutivos es el italiano Vittorio Pozzo**, que ganó en 1934 y repitió en 1938.

PALMARÉS MUNDIAL

Brasil	(1958, 1962, 1970, 1994, 2002)	5
Italia	(1934, 1938, 1982, 2006)	4
Alemania	(1954, 1974, 1990, 2014)	4
Argentina	(1978, 1986, 2022)	3
Uruguay	(1930, 1950)	2
Francia	(1998, 2018)	2
Inglaterra	(1966)	1
España	(2010)	1

JULIO IGLESIAS EMPEZÓ A «CANTAR»
EN EL REAL MADRID

Julio Iglesias es uno de los cantantes más importantes de la historia de España… y lo sabes (igual que Quevedo, je, je, je). Ha vendido millones de discos aquí y en el extranjero, sobre todo en Estados Unidos. **Era el Bad Bunny de los años setenta y ochenta.**

El cantante había jugado al fútbol de modo semiprofesional en el Real Madrid. Allí fue portero en las categorías inferiores; llegó a entrenar con el primer equipo en los tiempos de Di Stefano… **hasta que tuvo un accidente de coche a la salida de una discoteca, el 22 de septiembre de 1962, en Majadahonda (Madrid).** Los médicos le dijeron que no volvería a andar, pero Julio tiró de coraje y acabó triunfando en la música, «cantando», pero de otra manera.

TE TIRO UN FACTO

¡La fábrica (de famosos)!
Lo de las *celebrities* que empiezan jugando en el Real Madrid no es algo de la tele en blanco y negro. Hasta Kiko Rivera jugó en el equipo blanco cuando era un crío, antes de hacer una carrera en discotecas y platós de televisión. (Aunque, por lo que se dice…, estaba «enchufado» en el club).

PERO ¿QUÉ DICES, BRO?
¿EL PORTERO SOLO PUEDE TENER EL BALÓN SEIS SEGUNDOS EN LAS MANOS?

Sí, sí, esta regla existe. Que ya sé que no la pitan nunca, pero el día que la piten y se líe, el «arbi» va a tener razón. En la lucha contra la pérdida de tiempo, a los porteros los han ido volviendo locos en los últimos treinta o cuarenta años. **Hasta 1992, no solo podían tener el balón en la mano todo lo que quisieran, sino que incluso podían cogerlo cuando se la pasaba un compañero.** Los partidos eran un aburrimiento en cuanto Italia marcaba el 1-0.

¡PIIIIIIII

UN CAMBIO OLÍMPICO

Coincidiendo con los Juegos Olímpicos de Barcelona '92 cambiaron eso de las cesiones y empezaron con que si el portero solo podía dar una serie de pasos con el balón en la mano, contar el tiempo que lo mantenía controlado… En fin, un lío, nadie se aclaraba. De repente, el árbitro de turno pitaba libre indirecto y todos flipaban. **Ahora, la verdad es que prácticamente nadie hace caso de esa regla, que suficiente tienen los porteros con lo suyo y seis segundos no son tanto.**

De hecho, ya para que piten cesión tiene que ser una cosa clarísima. En los años noventa, eso era como las manos en el área. ¡Las pitaban todas!

«¿POR QUÉ NO LO CAMBIA?».
LA QUEJA QUE HASTA 1965 NO TENÍA SENTIDO PORQUE NO SE PODÍA

Cuando las cosas van mal y tu equipo pierde, ¿a que te desesperas siempre con un jugador y pides a gritos con los colegas que lo cambien de una vez? (No, no lo digo por ti, Lukaku). **Bueno, pues hasta 1965, los aficionados tenían que quedarse callados… porque los cambios no estaban permitidos.** Los once que empezaban el partido lo tenían que terminar. A veces con una pierna colgando o con una venda apretando la cabeza o buscando «el gol del cojo» del delantero.

La verdad es que era una chorrada como un piano, porque los equipos ya tenían por entonces veinte jugadores, ¿por qué dejar a nueve sin jugar nunca? **Los ingleses se dieron cuenta antes de su Mundial de 1966, pero en España aún tardamos tres años más y solo se podía cambiar a uno que se lesionara.** A partir de los años setenta la FIFA permitió dos cambios, y en 1994 añadió un posible tercer cambio si se lesionaba el portero, que inmediatamente se amplió a cualquier posición del campo, para alegría de Joselu.

VIDA NUEVA, REGLA NUEVA

En 2020, coincidiendo con la pandemia de COVID, se permitieron los cinco cambios actuales más uno extra en caso de prórroga. La razón que se dio fue que los jugadores tenían problemas para mantenerse en forma física con tantas restricciones y era normal que se cansaran antes. **Pasó lo del COVID, lo de las mascarillas y lo de la distancia social y ahí siguen los cinco cambios,** para ventaja de los equipos con un banquillo más c ompleto.

TE TIRO UN FACTO

Jan Oblak, portero del Atlético de Madrid, y Paulo Gazzaniga, del Girona, jugaron todos los minutos de la liga española 2023/2024. No los sustituyeron ni una sola vez. David Soria (Getafe) se quedó a seis minutos del pleno por una desgraciada lesión durante su partido contra el Mallorca. De los jugadores de campo, el que más minutos disputó fue Florian Lejeune, del Rayo Vallecano, que solo fue sustituido *una* vez, en el minuto 88 de la segunda jornada.

WTF?
¡NINGÚN ENTRENADOR INGLÉS HA GANADO LA PREMIER!

Desde que, en 1992, se estableciera la Premier League al margen de la federación inglesa de fútbol, ni un solo entrenador inglés ha ganado la liga. **Es más fácil triunfar en Magaluf que en Wembley**. En el palmarés, vemos españoles como Pep Guardiola, franceses como Arsène Wenger y, sobre todo, un escocés de pura cepa, sir Alex Ferguson, que se pegó una buena fiesta durante casi treinta años con el Manchester United.

Tenemos, incluso, a José Mourinho, que puso al Chelsea a la altura de los mejores, o a Carlo Ancelotti, la ceja más famosa de Europa, que ahora hace milagros en el Bernabéu. Siempre se habla mucho de lo forrados que están los clubes ingleses y de sus inversores árabes, pero eso no les sirve solo para llevarse a los mejores jugadores de las demás ligas, sino también a los entrenadores. Con la liga española, por ejemplo, han hecho una auténtica sangría de banquillos.

TE TIRO UN FACTO

Entrenadores españoles que han estado en banquillos de la *Premier* a lo largo de su historia:

- Rafa Benítez (Liverpool, Chelsea y Newcastle)
- Juande Ramos (Tottenham)
- Roberto Martínez (Swansea, Wigan y Everton)
- Pepe Mel (West Bromwich Albion)
- Quique Sánchez Flores (Watford)
- Aitor Karanka (Middlesbrough)
- Pep Guardiola (Manchester City)
- Mikel Arteta (Arsenal)
- Julen Lopetegui (Wolverhampton)
- Unai Emery (Arsenal, Aston Villa)
- Andoni Iraola (Bournemouth)

Para la temporada 2024/2025, estos cinco últimos seguirán en Inglaterra... y lo más probable es que vuelvan a jugarse el título entre ellos, mientras que en España se la disputarán entre un italiano, un alemán y un argentino, si es que Míchel no vuelve a romperla con el Girona, claro.

Alguna vez te habrás preguntado por qué Iñaki Williams juega en la selección de Ghana, mientras que su hermano Nico es una de las estrellas de la selección española. **La respuesta es muy fácil: los dos tienen la nacionalidad española porque nacieron en nuestro país. Iñaki nació en Bilbao antes de que la familia entera se trasladara a Pamplona, donde nació Nico.** Sus padres, sin embargo, nacieron en África y tuvieron que huir en busca de un futuro mejor.

En 1990, ambos decidieron saltar la valla de Melilla para entrar en España. Llegaron a estar detenidos por la Guardia Civil, pero **un abogado les aconsejó que dijeran que venían de Liberia porque así podían ser refugiados, aunque en realidad venían de Ghana...** y se les concedió el asilo. María y Félix encontraron trabajo pronto en una parroquia y siguieron con apuros económicos hasta que el hijo mayor, Iñaki, firmó su primer contrato profesional en el Athletic Club. Nico, ocho años más joven, siguió sus pasos y ahora la selección española no se entiende sin él.

¡Grandes, esos padres! ¡Media Eurocopa y media Copa del Rey (sí, soy del Athletic Club, je, je, je) se la debemos a ellos!

REGATEANDO LA MISERIA: LA INFANCIA DE RAPHINHA EN LOS BARRIOS BAJOS DE PORTO ALEGRE

Los futbolistas son multimillonarios con cochazos brutales y con unas mansiones espectaculares. Sí, pero, para muchos, llegar hasta ahí ha sido un milagro y un continuo regatear tragedias. Es el caso del extremo del Barça, Raphinha, que pasó su infancia en los barrios bajos de Porto Alegre, **empeñado en jugar al fútbol mientras alrededor sus amigos caían en el narcotráfico y en la violencia armada entre bandas**. Raphinha se pasó la vida huyendo de las tentaciones del dinero fácil e ilegal para ganarse la vida haciendo lo que más le gustaba: jugar al fútbol.

GAMBETEANDO PEGADO A LA CAL

Con 12 años, iba a entrenar muy lejos de su casa y a la salida pedía dinero para poder comer algo. Tenía ocho o nueve horas de autobús por delante y las monedas justas para el billete. Prefirió vivir como un vagabundo que como un delincuente, y el tiempo le dio la razón: **en 2015, con 18 años, debutó como profesional en Brasil, y tres años después ya estaba jugando en Portugal**. A partir de ahí, todo éxitos: dos años fantásticos en el Leeds, otros a muy buen nivel en el Barcelona y convocado indiscutible para la selección brasileña.

«Muchos de mis amigos que acabaron muertos eran mejores que yo», dijo en una entrevista, «pero nunca pudieron demostrarlo».

EL EMPRESARIO DE 45 AÑOS QUE SE METIÓ A DELANTERO GRACIAS A… ¿PARIS HILTON?

Cuando el presidente del Lank Vilaverdense, de las categorías inferiores portuguesas, anunció el fichaje de su nuevo delantero, Courtney Reum, **los aficionados se volvieron locos buscando en el *FIFA* dónde jugaba ese tío.** No había manera de encontrarlo… porque no había jugado **NUNCA** en **NINGÚN** equipo, y eso que ya andaba por los 45 palos. ¿Cómo era posible? ¿El descubrimiento de algún director deportivo sagaz? ¿Una estrella de los campos de tierra desconocida hasta el momento? ¿Un jugador de la Kings League en plena forma? ¿Algún tejemaneje del típico agente *truchero*?

¡Clin, clin! ¡Caja!

Nada de eso. Courtney Reum es el hermano de Carter Reum. ¿Te suena de algo? A mí tampoco. **¿Te suena Paris Hilton?** Bueno, pues resulta que es su marido, así que Courtney es el cuñado de la *influencer* americana. Se ve que se le había metido entre ceja y ceja lo de aparecer en una plantilla de un equipo profesional y alguien movió los hilos para conseguirlo. El mismo, por cierto, que metió al sobrino de Clarence Seedorf por toda la cara. **Reum pasó catorce partidos con el equipo, no lo convocaron en doce, lo dejaron en el banquillo en otro más… y por fin le dieron cuatro minutos en un partido intrascendente.**

Ya tiene algo que contarles a sus nietos. Algo más, quiero decir.

LA LOCURA MÁS LOCA DEL LOCO BIELSA

A Marcelo Bielsa lo llaman «el Loco» por algo, bro. El tío es un loco de las tácticas; le gusta controlar todos los detalles y es obsesivo con la manera de jugar de sus equipos, siempre con el balón. Vamos, el entrenador más chetado de todos. **No es casualidad que Guardiola aprendiera de él.** Dicho esto, a ver, el tipo tiene sus cosas también: se lleva fatal con la prensa; a algunos jugadores les pone la cruz y no se la quita; hay que hacer siempre lo que él dice y si se emperra con algo no hay quien se lo quite de la cabeza. Un grillado del fútbol, vaya.

La última de sus excentricidades, ahora que entrena a la selección de Uruguay (y no le fue nada mal en la última Copa América, quedando segundos), fue convocar para un partido ¡a un jugador amateur! Fue en un partido amistoso contra Costa Rica, el 1 de junio de 2024. El Loco había visto a Walter Domínguez meter 57 goles en 39 partidos con su equipo de fontaneros y carpinteros y pensó: «Bueno, como se me ha retirado Cavani… y a Luis Suárez le falta poco, pues me llevo a este».

La verdad es que el partido fue horrible: **ninguno de los jugadores era de los habituales en Uruguay y Bielsa ni se sentó en el banquillo,** pero Domínguez al menos pudo entrar en el campo y jugar un rato con la celeste. No marcó, pero se convirtió en «el futbolista del pueblo» para todos los medios locales. ¡CLAP, CLAP, CLAP!

Hacía un calor increíble, y aquello de jugar en diciembre era como ver nevar en julio, pero el caso es que los goleadores del Mundial de Qatar 2022 se pusieron las botas (de oro). **Hasta 172 goles marcaron entre todos los equipos, uno más que en el Mundial de Brasil de 2014**, que era el que más goles había visto hasta ese momento. Hay que aclarar que en Qatar y en Brasil jugaron 32 equipos, como se viene haciendo desde 1998, así que, en los Mundiales de antes, con muchos menos partidos, era imposible marcar tantos goles.

El máximo goleador del Mundial fue Kylian Mbappé (te suena ese nombre, ¿verdad?) con ocho tantos. El segundo fue Leo Messi (otro «desconocido») con siete y luego ya Julián Álvarez y Olivier Giroud, que metieron cuatro cada uno. Vamos, que Francia y Argentina se repartieron todos los pichichis. **Ocho goles en un solo Mundial es una barbaridad, pero Mbappé se quedó lejos de otro francés ilustre, Just Fontaine, que marcó ¡13! en una sola edición,** la de Suecia 1958, y en solo seis partidos.

¡GOOOOOOOOOL!

Los máximos goleadores de la historia de los Mundiales son:

- Miloslav Klose (Alemania): **16 goles**
- Ronaldo Nazario (Brasil): **15 goles**
- Gerd Müller (Alemania Federal): **14 goles**
- Just Fontaine (Francia): **13 goles**
- Leo Messi (Argentina): **13 goles**
- Kylian Mbappé (Francia): **12 goles**
- Pelé (Brasil): **12 goles**

TE TIRO UN FACTO

El máximo goleador español en la historia de los Mundiales es David Villa, con nueve goles repartidos en tres fases finales. ¡Mis favoritos fueron los cuatro que metió en 2010 porque España pudo ganar el campeonato! Ningún otro jugador de aquí supera los siete pepinazos y es que los Mundiales nunca se nos han dado demasiado bien, somos más de Eurocopas.

THIS IS AFRICA: MARRUECOS SE CONVIRTIÓ EN EL VECINO MÁS GLORIOSO DE QATAR 2022

Nunca una selección africana o representante de un país árabe había llegado a las semifinales de una Copa del Mundo. **Ghana estuvo a punto de hacerlo en 2010, pero Luis Suárez se puso a hacer paradones con el tiempo a cero.** Acabó expulsado, pero salvó a Uruguay. El caso es que los Leones del Atlas se plantaron en 2022 sin ninguna expectativa, pero con un equipo de lo más apañado, con jugadores bien facheros como Achraf Hakimi, Youssef En-Nesyri o el porterazo Yassine Bono e hicieron historia.

UN MUNDIAL HISTÓRICO

En la primera fase, dejaron fuera a Bélgica (¡ay, De Bruyne, con lo bueno que eres!); en octavos se cargaron a la selección de España, y en cuartos de final repitieron la machada echando al Portugal de Cristiano Ronaldo. **Una vez en semis, el reto era complicadísimo: la Francia de Mbappé y Griezmann, que los acabó eliminando 2-0.** Terminaron el Mundial cuartos.

TE TIRO UN FACTO

Las selecciones africanas más destacadas tanto en participaciones como en rendimiento histórico en la Copa del Mundo:
1. Marruecos: Semifinales (4º puesto en 2022).
2. Camerún: Cuartos de final (1990).
3. Senegal: Cuartos de final (2002).

NI LA MAGIA
LOS SALVÓ DE LA MAYOR
GOLEADA DE LOS MUNDIALES

Pregúntale a tu padre por Mágico González y te hablará de un delantero ha-bilidoso, rollo Maradona, que deslumbró en España en el Cádiz. **Era un cachondo y se pasaba el día de fiesta, pero, cuando salía al campo, era de los mejores del mundo.** Mágico participó con la selección de El Salvador en el Mundial de España de 1982 y, bueno, él lo hizo bien y por eso se quedó jugando aquí, pero el equipo… Madre mía…

HUNGRÍA **10 - 1** EL SALVADOR

F EN EL CHAT

El primer partido lo perdieron 10-1 contra Hungría, que no era gran cosa por entonces. Es la mayor goleada registrada en una Copa del Mundo con mucha diferencia (luego veremos otras). Fue algo raro, porque los otros dos partidos, contra equipos mejores, los compitieron bien: 1-0 contra Bélgica y 2-0 contra la Argentina de Maradona. **La pena para El Salvador es que no se ha vuelto a clasificar para una Copa del Mundo y no ha podido vengarse de ese bochorno**, pero todo es cuestión de tiempo.

EL DRON QUE CAUSÓ UNA TANGANA HISTÓRICA

El 15 de octubre de 2014 se enfrentaban, en Belgrado, las selecciones de Serbia y Albania en partido de clasificación para la Eurocopa 2016. A ver, los serbios y los albaneses no se llevan muy bien.

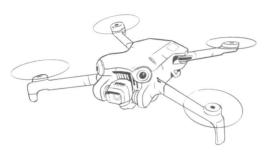

De hecho, se llevan tirando a mal. Tienen un montón de movidas desde hace tiempo y, en vez de resolverlo en el *FIFA*, pues se ponen a tirar bengalas, a amenazarse durante los partidos y a provocarse los unos a los otros.

¡ZASCA! (LITERAL)

Lo que no se había visto antes en un partido así (ni en ningún otro, realmente) era utilizar un dron para aumentar la polémica. Un dron sobrevolando un campo de fútbol, tú. ¡Qué loco! El aparato llevaba una bandera albanesa colgando y estaban en plena Serbia, así que la gente se lo tomó regular. Empezaron a lanzar más bengalas; **un serbio arrancó la bandera albanesa; los albaneses se pusieron como motos y al final el árbitro tuvo que detener el partido para que aquello no pareciera otra edición de La Velada.**

Lo curioso es que detrás del dron no había un pirado fanático, sino el propio hermano del primer ministro albanés. Los serbios lo detuvieron, claro, y el partido no volvió a jugarse. La FIFA se lo dio por ganado a Serbia, pero el Tribunal de Arbitraje Deportivo le otorgó los tres puntos a Albania, que se clasificó para su primera Eurocopa.

En cualquier momento Dua Lipa le quita el récord, pero, de momento, **el post de Instagram con más *likes* es uno en el que se ve a Leo Messi levantando la Copa del Mundo de Qatar.** Hasta ese 18 de diciembre de 2022, el récord lo tenía la foto de un huevo. Sí, un huevo, ¿qué pasa? La gente está loca, qué le vamos a hacer.

La tercera foto que más gusta en Instagram también es de Leo Messi, durmiendo, con el trofeo de la Copa al lado. **En total, el argentino tiene cinco posts entre los diez mejor valorados y TODOS tienen que ver con el Mundial que ganó en Qatar.** Cristiano Ronaldo tiene cuatro, más uno compartido con el propio Messi, una foto en la que se salen sentados ante un tablero de ajedrez. Algo tendrá que ver que Messi tenga 503 millones de seguidores y Cristiano 633 millones.

El décimo, ya digo, el de la foto del huevo, es con diferencia el que menos Champions ha ganado de los tres.

¿QUÉ MIRÁS, BOBO?

Dicen que los jóvenes estamos enganchados a las redes sociales y a los móviles y, sí, puede ser. En fin, a lo que iba, que **Santos, portero del equipo brasileño Atlético Paranaense, decidió, en pleno partido contra el Atlético Mineiro, sacar el móvil de debajo de una toalla** que tenía junto a la portería y ponerse a mirar cosas mientras su equipo atacaba.

En cuanto perdieron la pelota y se vino arriba el contrario, eso sí, lo guardó de inmediato. Aquello no lo entendió nadie. **La afición se le echó encima y el entrenador no sabía dar explicaciones en rueda de prensa.** ¿Enganchado al TikTok? ¿Esperando un wasap de la novia, que lo había dejado en leído? No. Al parecer, Santos quería concienciar a la gente del peligro de usar el móvil al volante, la principal razón detrás de los accidentes de tráfico en Brasil.

Como excusa, parece perfecta. Si te pillan tus padres o tus profes, ya sabes: te estás concienciando, bro.

¿ERES RACISTA? ALÉJATE DEL FÚTBOL

Hay que tener la cabeza muy llena de pájaros para que te guste el deporte y pienses que los jugadores de otras razas que no son la tuya son inferiores. **Lo que nos demuestra el fútbol es que todos pueden jugar de cine y que aquí no hay prejuicios.** La pena es que muchos no se den cuenta y dejen huella de su estupidez. En España tenemos el ejemplo de los gritos imitando a un mono y los insultos que tuvieron que aguantar porteros como Wilfred o Kameni en otras décadas, pero, por mucho que se intente concienciar, sigue habiendo problemas con esa peña.

No es solo que se utilice el color de la piel de Vinícius para insultarlo **(¿a que cuando Messi o Cristiano te sacaban de quicio no los llamabas «blanco»?, pues eso)**, sino que tantísimos jugadores tengan que parar los partidos como hizo Eto'o en su día o tengan que soportar que les rayen el coche y les pongan «macaco», como le pasó a Roberto Carlos, o que les tiren plátanos o que tengan que demostrar que son tan españoles como cualquiera, como parece que les pasa a los hermanos Nico e Iñaki Williams o incluso a Lamine Yamal.

Si tu rollo es ese, tío, grítale a un espejo y déjanos a los demás en paz. No te queremos aquí.

NO AL RACISMO

CELEBRAR UN GOL
SÍ QUE PUEDE SER UN
DEPORTE DE RIESGO

No hay nada más humillante que convertirte en viral por una chorrada. Pero **meter un gol en la portería contraria, que te pongas a celebrarlo y que acabes lesionado se lleva la palma.** Es un poco ridículo eso, ¿no? Bueno, pues ha pasado miles de veces: jugadores a los que se les cae la grada encima, que intentan hacer una voltereta y se desgracian…

¡AUUUCHHH!

LAS MIL Y UNA MOVIDAS

No te creas que esto les pasa solo a los cutres, también es cosa de *cracks*: Ibrahimovic se lesionó con el Milan porque se puso a mover los brazos para animar a la grada tras el gol y se le salió el hombro. **En un partido con Francia, Griezmann se montó a caballito sobre Benzema para hacer la gracia y le lesionó la espalda.** También hay casos muy extremos, como el del suizo Paolo Diogo, del Servette, que se tiró contra las mallas de la portería, se le quedó un dedo enganchado y acabó amputado entre las redes. El árbitro le sacó amarilla por perder tiempo cuando el pobre hombre estaba ahí buscando su dedo.

Y, ya para rematar, tenemos la historia de Peter Biaksangzuala, jugador indio que quiso imitar a Hugo Sánchez celebrando con una voltereta, calculó mal y se dio con la nuca en el suelo. Murió a los cinco días. Terrible.

TE TIRO UN FACTO

Seis meses se pasó sin jugar el argentino Martín Palermo en la mayor tragedia que recuerdo de ese tipo en España. Marcó un gol al Levante cuando jugaba en el Villarreal y se fue hacia la grada de sus aficionados a celebrar. De repente, el peso de tantos hinchas hizo que el muro que los separaba del campo se viniera abajo con decenas de seguidores amarillos detrás... Todo sobre la pierna de Palermo. ¡Qué dolor! El argentino tuvo suerte y salvó la vida, pero se llevó una doble fractura de tibia y peroné que le rompió por completo la temporada. Desde entonces, en los campos de España se evitan ese tipo de construcciones tan peligrosas.

¡PULPO PAUL, PULPO PAUL, PULPO PAUL!
LA HISTORIA DEL «ORÁCULO» QUE ENAMORÓ A ESPAÑA

¿Sabías que, en realidad, a pesar de que hablen del gol de Iniesta en la final o del cabezazo de Puyol en las semifinales, España ganó el Mundial de 2010 gracias a un pulpo? No sé a quién se le ocurrió que era buena idea hacer una broma con pronósticos en una especie de acuario. Metían al bueno del pulpo Paul ahí y le daban a elegir entre dos cajas, cada una con un jugoso mejillón dentro y con las banderas de los equipos fuera. **Si se comía primero, pongamos, el de España, sabíamos que España iba a ganar el partido.** ¡Aquello no era un pulpo, era un «todólogo» que todo lo sabía todo… ¡como el Xokas!

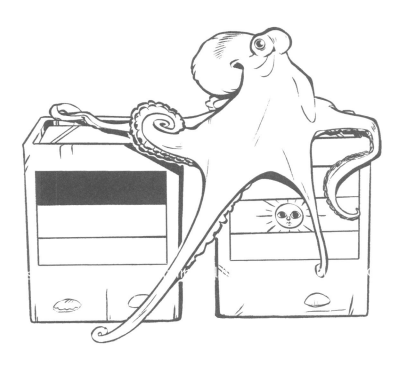

televisión, todas las cadenas echaron no ya el partido, sino… ¡la predicción del pulpo Paul! Y, cuando la gente vio que se comía el mejillón español, ya salió a la calle a celebrar. Después de la final, cuando toda España se puso a festejar, muchos lo hicieron con pulpos enormes de plástico, pancartas festejando a Paul y un grito unánime: «¡Pulpo Paul, pulpo Paul, pulpo Paul!». Seguro que conoces a alguien que lo recuerda.

Lo malo de los pulpos es que no tienen una gran esperanza de vida y, así, nuestro Paul murió en octubre de 2010, tres meses después de «decidir» el Mundial con su apetito. Tenía solo dos años y medio. SNIF, SNIF…

TE TIRO UN FACTO

¿Sabías que el pulpo Paul no es el primer ni el último animal oráculo? Sin ir más lejos, esta última Eurocopa que España ganó frente a Inglaterra estuvo marcada por los pronósticos ganadores del perrito Steph Furry, que acertó todos los resultados de los encuentros directos de la selección de Luis de la Fuente.

Ahora que podemos ver el fútbol en mil plataformas, un partido después de otro, la liga inglesa, la italiana, la alemana…, nos suena rarísimo que antes las cosas fueran tan distintas. Seguro que os han dado la chapa mil veces con lo de **«pues en mis tiempos solo había dos canales y tenías que ver lo que te decían tus padres»**. El caso es que la televisión llegó a España muy tarde, cuando en Estados Unidos ya tenían hasta cadenas privadas, y el fútbol televisado era un lujo.

UN SUEÑO CUMPLIDO: FÚTBOL EN LA TELE

El primer partido oficial que echó RTVE cuando no era La 1 ni La 2 (se estrujaron las neuronas, los tíos) **fue un Real Madrid-Barcelona, el 15 de febrero de 1959**. Se veía de pena y era en blanco y negro, pero algo es algo. Al final, el Madrid ganó 1-0 con gol de Herrera, y los Alcántara se pusieron contentísimos.

Pero ¿y si os digo que el primer partido «oficial» no fue en realidad el primer partido que se pudo ver por la tele? Hubo un intento anterior, el 24 de octubre de 1954. Radio Nacional de España ya estaba pensando en lo de sacar un canal de televisión y se dedicaban a hacer pruebas. Aquello era lo más *random* del mundo: no tenían cámaras, las tuvieron que pedir prestadas; la señal solo llegaba a Madrid y ni siquiera a todos los barrios… y, además, tío, ¡que la gente no tenía televisores en sus casas! Vamos, un cuadro.

En fin, que echarlo, lo echaron, y grabado quedó, aunque no sé si lo vio alguien. Fue también en el Bernabéu, que por entonces se llamaba Chamartín, como la estación de tren, y jugaron el Real Madrid y el Racing de Santander. Aquí, también ganó el Madrid 3-0. Aquel año ganarían la liga y al año siguiente la primera Champions League, llamada entonces Copa de Europa.

TE TIRO UN FACTO

¡Una audiencia de Champioooooons!
El partido de fútbol con mayor audiencia en España es el Real Madrid-Atlético de Madrid de la Champions de 2014. Lo vieron 15,4 millones de personas. Si incluimos prórrogas y penaltis, se pone por delante el lanzamiento de penales de las semis de la Euro 2012 que jugamos contra Portugal. Hasta 18,1 millones de españoles vieron a Cristiano Ronaldo murmurar el mítico «qué *inyustisia*, qué *inyustisia*» porque los habían eliminado antes de que él pudiera chutar su penalti.

Si te trastabillas al decir «Shakhtar Donetsk», imagina que tuvieras que comentar algún día un partido del Clwb Pêl Droed Llanfairpwllgwyngyllgogerychwyrndrobwllllantysiliogogogoch Football Club, equipo galés del pueblo de Llanfairpwllgwyngyll. El nombre del equipo es el topónimo del pueblo y, fútbol aparte, es el más largo del Reino Unido y el tercero más largo del mundo entero. Al parecer significa «Iglesia de Santa María en el hueco del avellano blanco cerca de un torbellino rápido y la iglesia de San Tisilio cerca de la gruta roja». Esperad, que me quedo sin aire... AH AH AH. Con lo fácil que es decir «Athletic».

Afortunadamente para los que no dominamos el gaélico, el Llanfairnosécuántos —cuando lo fundaron le pusieron Llanfair Rovers; ¿a quién se le ocurrió que el cambio quedaba mejor?— está en la División 1 de la costa oeste del norte de Gales. Vaya, que no se prevé que se clasifiquen para competiciones europeas a corto plazo. Salvo que les dé por fichar a la estrella del Nápoles, Khvicha Kvaratskhelia, y ya la liemos del todo.

DATO 27 ¡BALOTELLI *IS ON FIRE!* (LITERALMENTE)

El delantero italiano llevaba fatal que todo el mundo le echara la culpa de los males de la humanidad, pero es que era un chinado de primera. La lio un montón de veces y acabó mal en todos sus clubes... Aunque nada se compara con la que montó el día antes del derbi contra el Manchester United, en 2011.

WHY ALWAYS ME?

SAN JUAN VERSIÓN VÁTER

A Súper Mario no se le ocurrió otra cosa que invitar a unos colegas a casa; se pusieron a sus cosas y acabaron tirando fuegos artificiales por la ventana del cuarto de baño. Lo típico de un sábado noche, ¿no? Bueno, pues en esas estaban cuando uno de los cohetes prendió fuego, el fuego pasó a las toallas que estaban colgadas, el baño empezó a llenarse de humo y todos tuvieron que salir por patas y llamar a los bomberos, que llegaron ¡a la una de la madrugada!

A ver, que el tío ha jugado en diez equipos distintos desde que es profesional y aún sigue dando guerra en Turquía, por algo será. Un poco culo inquieto y un poco broncas sí que parece, ¿no?

Broncas he visto de todos los colores: jugadores que se lían a mamporros en mitad de un partido, banquillos que se insultan, incluso compañeros que se reprochan cosas mientras aprietan los puños. Recuerdo que un jugador del Deportivo de La Coruña, que se llamaba Djalminha y era un genio del balón, le pegó un cabezazo a su entrenador, pero **lo que no he visto en mi vida es algo como lo que pasó en la Fiorentina en la temporada 2011/2012.**

¡PUM!

EL BEEF DEL SIGLO

Los protagonistas fueron el entrenador, Delio Rossi ——el típico jefe de toda la vida, mil años en el club—— y uno de sus delanteros, Adem Ljacic. Iban perdiendo contra el Novara; estaban fatal en la liga y tal… y va el entrenador y cambia a Ljacic. Hasta ahí, normal. **Lo que no es normal es que, de repente, sea el entrenador el que se líe a tortas y acabe siendo expulsado del partido y del equipo.** ¿Qué pasó ahí? Según el club y el jugador, Ljacic dijo: «Ojalá perdamos y te echen», pero, según el entrenador, el delantero le habría soltado: «Eres más retrasado que tu hijo» (el hijo tenía problemas mentales). Para rizar el rizo de lo absurdo, al final la Fiorentina se salvó y el que descendió fue… ¡el Novara!

A UN EQUIPO DEL CONGO
LO PARTIÓ UN RAYO. LITERAL

¿Te acuerdas de que en el partido de octavos entre Alemania y Dinamarca, en este última Eurocopa, empezaron a caer rayos cerca del estadio y el árbitro ordenó que se suspendiera un rato? **Muchos se burlaron, porque no sabían lo que había pasado en octubre de 1998 en la República Democrática del Congo.** En un partido entre el Bena Tshadi y el Bensanga, empezó a diluviar en el descanso y los rayos se veían por todos lados…, pero nadie le dio importancia y decidieron seguir jugando.

Estaban ya formados para empezar el segundo tiempo, cuando de repente se oyó un ruido de la leche en forma de trueno y, al rato, el estadio entero quedó iluminado por un rayo. Había caído en el campo. **Inmediatamente, los once jugadores del Bena Tshadi cayeron fulminados y no hubo manera de reanimarlos.** Habían muerto en el acto. Lo curioso es que los once del Bensanga estaban ahí tan tranquilos. Asustados, claro, pero ilesos.

Muchos apelaron a la brujería como explicación, pero hay algo más sencillo: **los jugadores locales llevaban zapatillas con componentes metálicos y eso atrajo el rayo hacia ellos.** Descansen en paz.

¿A QUE MOLARÍA JUGAR EN UN CAMPO FLOTANTE?
¡PUES A QUÉ ESPERAS, BRO!

Cuando pensamos en un campo de fútbol en su absoluto *prime* nos imaginamos el Camp Nou, el Santiago Bernabéu o el estadio de San Mamés, al que llaman «La Catedral» y está siempre verde verde verde… pero ¿no sería mejor innovar un poco? **Al fin y al cabo, los campos en tierra firme están muy vistos.** Eso debieron pensar en Tailandia, concretamente, en Koh Panyee, una aldea en mitad de una isla flotante.

Como los chavales querían jugar al fútbol, en 1986 decidieron ganarle un poco de terreno al mar y hacer allí una cancha. El campo flota sobre el agua, tíos, es flipante. **Lo que hay que tener es un cuidado de la leche para no tirarla fuera.** Cogieron un montón de tablas de madera y las colocaron en vez de césped. Más adelante lo perfeccionarían un poco porque los pibes se hacían daño en los pies con las astillas.

YA LE GUSTARÍA A LA KINGS LEAGUE

La isla tiene su propio equipo, aunque la verdad es que es más un campo de futbito que otra cosa. **Dicen que tienen una calidad técnica tremenda porque nadie quiere saltar al mar a coger la bola si se le escapa en el control, ja, ja, ja.** *Nah,* este verano lo tengo que probar y grabar unos tiktoks ahí: rodeado de barcos, con unas montañas gigantes alrededor y yo ahí con mi pelota de reglamento y con mis panas.

EL PASTIZAL QUE SE LLEVÓ ARGENTINA POR GANAR EL MUNDIAL DE QATAR

¡Boh! Qué alegría tuvieron los argentinos cuando Messi levantó la Copa Mundial en Qatar, ¿eh? Los hinchas ahí llorando, emocionados y tal… y los jugadores también, claro, porque ser campeón del mundo es lo más grande en el fútbol, sobre todo si, además, pues te llevas un dinerito a casa. **Argentina, como campeona, se llevó 40 millones de euros de la FIFA.** Ojo, que no todo iba para los jugadores, ¿eh? Es un premio a la Federación, que luego lo reparte como quiera. Francia, que quedó finalista, se llevó unos 29 millones, que tampoco está tan mal.

BLIN' BLIN'

FUCKING MONEY MAN

¿Y los españoles? ¿Cuánto se llevaron por perder con Marruecos en octavos de final? Pues a ver, la Federación recibió 12,5 millones de euros… y, a su vez, se había comprometido con los jugadores a darles 25.200 euros por partido disputado. **Que había peña que salía, a lo mejor, cinco minutos, y les daban los 25.000 euros igualmente.** ¿Sabéis cuántas *subs* de Twitch son eso? Pues un montón. Además, les correspondía un porcentaje de lo que la FIFA le diera a la Federación, pero esas cosas siempre quedan en secreto.

Vaya, que para unas vacaciones guapas sí que les dio a todos. Aunque fuera en invierno.

¡«ARBI», EL MALETÍN!
O CÓMO DESCENDER POR COMPRAR A LOS ÁRBITROS

¿Te imaginas un equipo con Ibrahimovic, Nedved (Balón de Oro), Del Piero, Buffon, Trezeguet, Thuram… y Fabio Capello en el banquillo? Pues esa era la Juventus de Turín en 2006, campeona de los dos anteriores *scudettos.* El equipo daba para ganarlo todo, pero los directivos quisieron asegurarse de que la pasta que se gastaban servía para algo y **no se les ocurrió otra cosa que llamar al jefe de los árbitros todas las semanas para pedirle que les pusieran el árbitro que más creían que les iba a beneficiar…**

La cosa empezó como una investigación menor; luego se empezaron a grabar audios de Luciano Moggi, que era el jefazo de la Juve (justo por debajo de los propietarios), y, tirando del hilo, resultó que llevaban años haciendo trampas. **Trampas tan por la cara que la Federación les quitó los dos últimos títulos (uno lo dejó desierto y el otro se lo dio al Inter) y descendió de una a la Juventus a la Serie B**, es decir, como si bajasen un equipo de primera a la Liga Hypermotion.

MA CHE COSA FAI? SI PAGAS…, LA PAGAS

Aquello fue un cataclismo, porque imagínate a toda esa peña jugando en Segunda. Se tendrían que pasear, ¿no? Pues a medias. Primero, porque hubo una estampida de estrellas que pasaban de ir a jugar a cualquier rincón de Italia para ver si subían. **Se fue Capello, se fue Zlatan, se fue Thuram…, pero casi todos los demás se quedaron y, aunque empezaron con nueve puntos de sanción, acabaron ascendiendo** y ya en 2011 volvieron a *campeonar*. De hecho, *campeonaron* nueve años consecutivos… Menuda salvajada.

El escándalo también salpicó al Milan. El superequipo de Berlusconi se quedó en la Serie A, pero con una sanción de ocho puntos. Aun así, se clasificó para la Champions del año siguiente y ganó la del año en curso. Chúpate esa, policía. Fiorentina, Lazio y Reggina también vieron cómo los multaban con puntos y dinero por delitos menores. Vamos, que ahí les untaban a los árbitros que daba gusto. ¡Si se animan otra vez, que me avisen!

TE TIRO UN FACTO

Po po po po po po po *Campioni del mondo!*
El escándalo (llamado «*calciopoli*») le sentó al fútbol italiano como una patada en..., bueno, ya sabes. Aun así, la selección, que se nutría básicamente de jugadores de la Juventus, el Milan, la Fiorentina, la Lazio, etc., se conjuró para ganar el Mundial de ese año, en 2006. Hacía veinticuatro años que no lo ganaban, es decir, desde 1982, cuando el escándalo de las apuestas ilegales había llevado al Milan a la Serie B y el fútbol italiano estaba en una crisis brutal. Vamos, que los italianos, cuanto más revuelto esté todo, mejor para ellos. Como peces en el agua, los tíos.

Los futbolistas son privilegiados que cobran millonadas por jugar en los mejores equipos. Vale, piensa eso un par de veces. ¿Cuántos equipos de élite hay en España? Tampoco son tantos. ¿Y cuántos jugadores necesitan para sus competiciones? Pues las plantillas suelen ser de unos veinticinco tíos, más un par de chavales del filial… Vamos, **que si te toca jugar en el Alavés y eres el lateral izquierdo suplente, tampoco te van a ofrecer el sueldo de tu vida, aunque, ojo, siguen siendo muy buenos sueldos, ¿eh?**

Para eso están los sindicatos de jugadores, que pactan con LaLiga y con el Gobierno unos acuerdos para garantizar un mínimo. En la temporada 2023/2024, ese mínimo a lo que tenía derecho a cobrar un futbolista, aunque fuera, yo qué sé, el cuñado de la Paris Hilton (¿os acordáis?), son 182.000 euros. Eso, en Primera División. **Si juegas en Segunda División, vas a cobrar, como mínimo, la mitad: 91.000 euros.** A eso hay que sumarle el IPC, que se actualiza cada año.

TE TIRO UN FACTO

El jugador que más cobró en la liga española durante la temporada 2023/2024 fue Robert Lewandowski, del Barcelona, que se llevó 27,1 millones de euros brutos. Frenkie de Jong, del mismo equipo, tenía firmados 36 millones para esa temporada, pero se los bajó a 16 para hacerle un favor al equipo. ¡Si te sobra algún millón más, Frenkie, nos avisas, bro!

¡EL ATLÉTICO DE MADRID FUE CREADO POR EL ATHLETIC DE BILBAO!

A ver, chaval, de pequeño ¿alguna vez te liaste con el Atlético y el Athletic? Si es que además visten casi igual… **Bueno, pues lo que seguro que no sabes es que, en el origen, eran prácticamente el mismo club.** Primero surgió el Athletic Club de Bilbao, fundado en 1898 por unos ingleses, como casi todos los equipos españoles (a ver, hermano, es que los ingleses eran los únicos que jugaban al fútbol por entonces, tampoco tiene mucho mérito). Iban vestidos con una camiseta mitad azul y mitad blanco, dividida en vertical.

¡AÚPA!

Cinco años después, unos cuantos bilbaínos se fueron a Madrid y montaron ahí un equipo, que vincularon al original. **Se llamó Athletic Club Sucursal de Madrid y vestía también de azul y blanco, claro.** Los dos equipos cambiaron los colores de sus camisetas en 1910, cuando mandaron a unos a por camisetas a Blackburn y no encontraron de sobra, así que trajeron unas del Southampton… que vestían a rayas verticales rojas y blancas. ¡Ahí va la hostia!

El *Atleti* no consiguió la «independencia» con respecto al Athletic hasta 1921 y a partir de ahí ya siguieron caminos separados, pero digo yo que lo suyo sería que nos dejaran ganar siempre, ¿no?

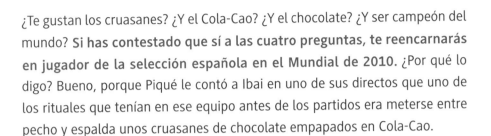

DATO 35

EL SECRETO
MÁS GOLOSO DE ESPAÑA
EN EL MUNDIAL 2010

¿Te gustan los cruasanes? ¿Y el Cola-Cao? ¿Y el chocolate? ¿Y ser campeón del mundo? **Si has contestado que sí a las cuatro preguntas, te reencarnarás en jugador de la selección española en el Mundial de 2010.** ¿Por qué lo digo? Bueno, porque Piqué le contó a Ibai en uno de sus directos que uno de los rituales que tenían en ese equipo antes de los partidos era meterse entre pecho y espalda unos cruasanes de chocolate empapados en Cola-Cao.

CLARA... MENTE, SE PASARON CON EL AZÚCAR

Según Piqué, el 80 % de los jugadores estaba en la pomada y eso creó un vínculo tremendo entre ellos. Eso y los vaciles con Shakira, suponemos, porque se conocieron ahí. **Pepe Reina, el portero suplente, se los podía comer de tres en tres.** Si los pilla ahora el Pintus de turno, los mata. A veces, un jugador feliz rinde mil veces más que un jugador con la mejor dieta del mundo. Total, si el talento no te lo va a quitar ni un cruasán.

MMMMMMMMM

Robbie Fowler fue uno de los mejores delanteros ingleses de los años noventa. Jugaba en el Liverpool cuando el Liverpool no ganaba ni a las chapas, pero era el gran ídolo de la afición y uno de los imprescindibles en el equipo nacional. **De Fowler se decía que era un poco (solo un poco) como George Best:** demasiado «alegre» en su estilo de vida y con vicios muy poco aconsejables.

En 1999, el Liverpool jugaba contra el Everton, el otro equipo de la ciudad. Esos derbis son poco conocidos en España, pero en Inglaterra los sigue todo el mundo. Son partidos especiales y los aficionados lo dan todo para desquiciar al rival. **A Fowler le gritaban todo el rato que consumía drogas y que bebía demasiado.** Cuando el propio Fowler marcó el 1-0, no se le ocurrió otra cosa que recorrerse la línea de banda haciendo como si estuviera esnifando la cal.

CUANDO TE PASAS DE LA RAYA...

El gesto era una burla a los aficionados, no era un alegato al consumo de cocaína, pero **la Premier League no lo entendió así y le sancionó con cuatro partidos y 32.000 libras de multa,** casi 40.000 euros. Fowler captó el mensaje de una. No hay nada que una buena multa no pueda solucionar.

CUANDO LOS JUGADORES SE GASTAN EL DINERO EN MUJERES, ALCOHOL Y COCHES... O DIRECTAMENTE LO DESPERDICIAN

La idea de que los jugadores gastan así su dinero empezó con George Best, un jugador de Irlanda del Norte que maravilló a todo el mundo en los años sesenta y setenta con el Manchester United. **A Best lo llamaban «el Quinto Beatle», como el grupo de música, porque llevaba el pelo largo, vestía siempre muy moderno y tenía un estilo de vida digamos que... acelerado.** Los problemas de Best con el alcohol fueron recurrentes y lo limitaron mucho en su carrera. Se gastó casi todo lo que ganó —y ganó bastante, tanto en Europa como en Estados Unidos, donde acabó su carrera— en pasárselo bien, y eso acabó pasando factura. *DANGER, DANGER!*

Best murió por problemas derivados del consumo de alcohol cuando tenía 59 años y casi en la ruina. No es el único caso de futbolista que se ha pulido todo el dinero en vicios muy peligrosos y que hay que evitar a toda costa. **El más conocido quizá sea Garrincha, un extremo brasileño que jugaba con Pelé y al que algunos consideraban incluso mejor que su compañero.** Garrincha murió con 50 años también por problemas con el alcohol, tras haber sido campeón del mundo y héroe nacional.

También acabó mal Maradona, como todos sabemos. Cuando se retiró, sus problemas con las drogas le provocaron sobrepeso y problemas cardiacos que lo tuvieron hospitalizado muchos meses. Falleció en 2020 con 60 años en condiciones poco claras, pero muy deteriorado físicamente por una vida llena de excesos.

¡TARJETA ROJA…, QUIERO DECIR…, RED LABEL!

Otros jugadores que han coqueteado con la ruina son, por ejemplo, Cafú, por malas inversiones empresariales; Christian Vieri, el que jugó en el *Atleti*, por sus problemas con el póquer; Ronaldinho, cuyas malas compañías lo llevaron a la cárcel, o **Paul Gascoigne**, un mítico centrocampista inglés de los años noventa al que vimos demasiadas veces en las portadas de los periódicos borracho y con la cabeza ida.

TE TIRO UN FACTO

Según la revista *Sports Illustrated*, referencia del deporte en Estados Unidos, hasta el 80 % de las estrellas deportivas acaban arruinadas por su estilo de vida o por malas inversiones. Parecen superhéroes, pero son humanos. ¡Hay que imitarlos en lo bueno, pero tener mucho cuidado en lo malo, que no es oro todo lo que reluce!

DATO 38 · EL JEQUE PROTESTÓN QUE RETIRÓ A SU EQUIPO POR UN PENALTI

Sabemos que los jeques árabes están dispuestos a gastarse muchísimo dinero en sus equipos de fútbol y no solo porque lo vean como una inversión, sino porque los entretiene. El fútbol es como su juguete y no les gusta que nadie se lo quite y juegue con él sin su permiso. Por eso a veces se toman las cosas demasiado en serio. **Por ejemplo, en Kuwait, en 2021, el propietario del Al Qadsia decidió saltar al campo para recriminarle al árbitro un penalti muy dudoso en el minuto 93 contra su equipo.**

¡TODOS AL-VESTUARIO!

El jeque llamó uno a uno a sus jugadores y les ordenó que se fueran al vestuario, que el partido se acababa ahí. Y el árbitro, claro, se quedó loquísimo. Ojo, que no era la primera vez que pasaba algo parecido. El jeque Fahid al-Ahmad al-Sabahm, también kuwaití, bajó al campo a retirar a su equipo ¡en toda una Copa Mundial! Sucedió en España, más concretamente en Valladolid, en 1982. **Kuwait jugaba contra Francia y hubo un gol de Francia que al hermano del emir de Kuwait le pareció que no era legal.**

Así que bajó, se lo explicó al árbitro, amenazó con suspender ahí mismo el partido… ¡y el árbitro tuvo que recular y anular el gol! Estoy seguro de que con Mateu Lahoz no se hubiese atrevido, ¿verdad?

EL ERROR EN UN CAMBIO
QUE ELIMINÓ AL MADRID DE LA COPA Y SENTENCIÓ A RAFA BENÍTEZ

En 2015, el Real Madrid se preparaba para una gran temporada y uno de sus primeros partidos era contra el Cádiz en la Copa del Rey. **El entrenador era Rafa Benítez, que acababa de fichar por el club y venía de unos años loquísimos en el Liverpool, donde ganó la Champions y todo.** El caso es que Benítez decidió poner a todos los suplentes desde el inicio y no le fue mal: ganó 1-3 y todos satisfechos.

Aún estaban celebrando en el vestuario, cuando de repente se enteraron por la prensa que la habían liado muy parda. Uno de los jugadores, el ruso Denis Cheryshev, el típico canterano al que el Madrid iba cediendo de equipo en equipo, **había jugado y había marcado un gol cuando, en realidad, arrastraba una sanción del año anterior y no podía participar en ese partido**. Según el Madrid, nadie del Villarreal les había dicho nada (da la casualidad de que Cheryshev había jugado justamente la temporada anterior en el Villarreal), pero eso a la Federación no le sirvió de nada, porque cada uno tiene que asegurarse de lo que hace, sin que le tengan que avisar.

UN ERROR DE LOS QUE MARCAN ÉPOCA

El caso es que el Madrid fue eliminado de la Copa por ese error; Cheryshev quedó marcado para siempre —aunque luego tuvo algún año bueno en el Valencia— y **Rafa Benítez aguantó poco tiempo más en el banquillo blanco, que esas cosas Florentino no las perdona.**

Ganar la Champions League una vez es lo más. Ganarla varias veces, una locura. Pero ganarla y además con equipos distintos está al alcance de muy pocos jugadores. Lo han logrado estrellas como Cristiano Ronaldo, Toni Kroos, Gerard Piqué, Fernando Redondo…, **pero solo dos futbolistas han conseguido el no va más: levantar la *orejona* con TRES equipos distintos.** Son, además, dos viejos conocidos de la liga española.

El primero en lograrlo fue Clarence Seedorf. El holandés, que jugó varios años en el Real Madrid en los noventa, llegó al Bernabéu después de haber ganado ya la Champions con el Ajax de Ámsterdam. En Madrid conseguiría otra, en 1998…, y hay quien le cuenta la de 2000, aunque se había ido del equipo a mitad de temporada. **Su siguiente destino fue el AC Milan italiano y allí se llevó la Champions de 2003 y de 2007, y solo perdió la de 2005 porque el Liverpool les remontó tres goles en la segunda parte.** En total, cinco Champions. Una auténtica pasada.

El único que ha logrado algo parecido es Samuel Eto'o. Curiosamente, el camerunés se llevó su primera *orejona* con el Real Madrid, en 2000, aunque solo jugó unos pocos minutos en la fase de grupos. **Repitió en 2006 y en 2009 con el Barça, y de hecho marcó en las dos finales. Como Guardiola no acababa de confiar en él y lo ponía de extremo, se fue al Inter de Mourinho: ¡vaya contraste!** Con el Inter, en 2010, eliminó al propio

Barcelona en semifinales y ganó la final contra el Bayern de Múnich. Cuatro Champions en tres equipos, otra salvajada muy loca.

Sin embargo, hay algo aún más fuerte… y es que ni Seedorf ni Eto'o son los jugadores que más veces han sido campeones de Europa.

TE TIRO UN FACTO

Hasta la victoria del Real Madrid en 2024, solo un jugador, Francisco Gento, había ganado seis ediciones de la Copa de Europa/Champions League. Con el triunfo ante el Borussia de Dortmund se añadieron a la lista Nacho, Dani Carvajal, Toni Kroos y Luka Modric. Kroos se ha retirado ya y Nacho se ha ido del equipo de Chamartín para vivir su retiro soñado en el extranjero, pero Carvajal y Modric aún optan a un séptimo título. Con cinco tenemos a Cristiano Ronaldo, Karim Benzema, Lucas Vázquez, Casemiro, Isco, Marcelo, Gareth Bale y Paolo Maldini. ¿Qué tienen en común? Que todos, excepto Maldini, jugaron en el Real Madrid.

EL JUGADOR MÁS VIEJO EN JUGAR UN PARTIDO DE CHAMPIONS ES UN PORTERO ITALIANO

Y seguro que habrás pensado que hablo de Gianluigi Buffon, el portero que fue campeón del mundo con Italia en 2006 y que siempre nos hacía la vida imposible a los españoles. Pues no. **El jugador de mayor edad en jugar un partido de Champions League es, desde 2007, Marco Ballota**, eterno portero suplente de la Lazio, que tuvo su oportunidad cuando tenía 43 años y 252 días.

GUANTES Y TACATACA

Los siguientes en la lista son también porteros: Buffon es el segundo (42 años y 315 días); Shokhovski es el tercero (41 años y 255 días) y Mark Schwarzer es el cuarto (41 años y 206 días). **Pero, ojo, que después de todos ellos viene el gran Pepe.** Sí, el que jugó en el Real Madrid hace quince años y que todavía seguía dando guerra esta Eurocopa con Portugal. Pepe jugó contra el Arsenal en 2024 cuando tenía 41 años y 15 días… Eso sí, al terminar la Eurocopa anunció su retirada.

EL FÚTBOL FEMENINO
NO ES UNA MODA DE AHORA, SINO DEL SIGLO XIX

¡Pues claro que las chicas también juegan al fútbol! Y lo hacen de maravilla. **Solo en España tenemos a Alexia Putellas, a Aitana Bonmatí, a Jenni Hermoso y hasta veinticinco campeonas del mundo, que se dice pronto.** Algunos pensarán que esto del fútbol femenino es una moda de ahora y que se pasará, pero nada más lejos de la realidad. Al que le pique, que se rasque. El primer partido entre mujeres no es del siglo XXI ni del siglo XX... ¡Es del XIX!

En mayo de 1881, un grupo de mujeres escocesas retó a un partido a un grupo de mujeres inglesas. El partido acabó 3-0. La federación escocesa tardó unos años aún en reconocer el fútbol femenino, pero en 1892 ya registró su primer partido oficial. Las inglesas debutaron oficialmente tres años más tarde, aunque había equipos formados desde muchos años atrás.

GIRL POWER!

Hablamos de tiempos en los que las mujeres tenían que jugar muy tapadas para no escandalizar a nadie y ni siquiera tenían derecho a voto en la mayoría de los países. Que jugaran al fútbol se veía fatal y siempre había algún machirulo metiéndose con ellas. No sé si los tiempos han cambiado tanto, pero al menos ahora pueden jugar tranquilas y con orgullo. ¡Ánimo, campeonas!

Lo primero es lo primero: Sergio Ramos no es. Ni mucho menos. A ver, **Sergio es el segundo en la clasificación histórica de la FIFA con 28 expulsiones (que tampoco está nada mal), pero no tiene nada que hacer comparado con el primero: el imponente colombiano Gerardo Bedoya.** Bedoya, que hizo la mayor parte de su carrera en equipos de clase media de la liga argentina, fue expulsado 46 veces como jugador profesional en los 687 partidos que jugó. El fútbol sudamericano tiene fama de duro, bro, pero esto ya es pasarse muchísimo.

AL MENOS, NO SE DEDICARON A LAS RIMAS CON SU APELLIDO

Lo curioso es que Bedoya, cuando se retiró, decidió dedicarse a entrenar. Bueno, pues desde que se sienta en el banquillo ¡ya lo han expulsado cinco veces! O sea, que, en total, van 51 expulsiones... y las que le quedan, porque Bedoya aún tiene 48 años, es decir, que lo suyo va para largo. Como no cuide ese carácter, va a durar menos que Ibrahimovic con Guardiola, aunque, por otro lado, si lo fichan todo el rato, será por ser cómo es.

TE TIRO UN FACTO

El jugador con más expulsiones en la historia de la liga española sí que es Sergio Ramos, con 21 tarjetas rojas. Ahora bien, lo siguen muy de cerca Pablo Alfaro y Xavi Aguado, que eran dos centrales de los de primero dar y luego preguntar, con 18 cada uno. Fernando Hierro, que entrenó a España en el Mundial 2018, se fue a la calle 14 veces. Carlos Marchena, el comentarista de RTVE, lo hizo 13. ¡Vamos, estos tíos no hacían prisioneros!

Seguro que habréis visto por el barrio o en el instituto alguna persona que lleva puesto un velo (también se conoce como *hiyab*). Es un tema complejo, pero **en el mundo árabe es muy habitual que las mujeres se tapen el cuerpo todo lo posible, y eso incluye el pelo y las piernas.** Para una futbolista, es muy difícil compaginarlo con su profesión. ¿Qué hago? ¿Me pongo el velo como dice mi religión o me lo quito y juego más cómoda al fútbol?

La defensora marroquí Nouhaila Benzina no tuvo problema en ser fiel a sus costumbres y a su pasión deportiva, y **jugó el partido contra Corea del Sur, en el Mundial de Nueva Zelanda 2023, con el velo puesto y las piernas tapadas con unas gruesas mallas blancas** que no dejaban entrever nada. La verdad es que la imagen recordaba un poco a la de las sufragistas escocesas de las que hablábamos antes, y que organizaron el primer partido de mujeres. Cada uno es libre de vivir como quiere y de hacer las cosas de la manera que le haga más feliz.

Por cierto, Marruecos ganó 1-0 el partido… y Benzina fue la única amonestada.

LE FUERON INFIEL
AL JUGADOR «MÁS FIEL» DEL MUNDO

Pocos casos de fidelidad deportiva como la de Francesco Totti a la AS Roma. Totti, campeón del mundo con Italia en 2006 y uno de los jugadores más deseados por todos los grandes equipos europeos, **debutó con el equipo de su ciudad el 28 de marzo de 1993, con el que jugó hasta su retirada, el 28 de mayo de 2017.** ¡24 años en un mismo equipo, vaya locura!

Totti, un jugador de calidad, de los de petarlo en el *FIFA*, y que siempre sonaba para el Madrid y muchos otros grandes equipos, era muy constante en el campo y también fuera de él.

Conoció a Ilary Blasi cuando tenía 16 años y se pasó veinte a su lado, diecisiete de ellos casados..., hasta que *Il Capitano* encontró unos mensajes comprometidos en el móvil de su esposa (*friendly reminder*: NUNCA hay que mirar el móvil de tu pareja) enviados a su entrenador personal.

Según la versión de Totti, despechado, decidió poner ahí mismo fin a su relación y empezar otra con Noemi Bocchi, una economista. Sin embargo, Blasi no está de acuerdo con lo de ser ella la mala y asegura que fue Francesco el primero en ponerle los cuernos. **¡A ver cuándo los turcos se animan a hacer una telenovela de esto o contratan a Totti y a su ex para la siguiente temporada de *Jugando con fuego*!**

LÍO EN BÉLGICA:
DOS HOMBRES CON UN MISMO DESTINO

Cuidado con los amigos, que a veces las afinidades van más allá de los video-juegos y la cosa se lía… En 2013, Courtois jugaba en el Atlético de Madrid y ya empezaba a apuntar maneras. Lo mismo pasaba con su compañero de selección en Bélgica, Kevin de Bruyne, que por entonces estaba en el Wolfsburgo, pero ya lo tenía el Manchester City entre ceja y ceja, ¡y muy bien que hacía, porque el tío es buenísimo!

TITI ME PREGUNTÓ…

Bueno, el caso es que los dos jugadores coincidían en las concentraciones de la selección, habían jugado juntos en las categorías inferiores del Genk y eran bastante buenos amigos. Tan buenos que, cuando Caroline Lijnen, la novia de De Bruyne, empezó a quejarse de que se aburría en Alemania, que el pueblo era muy pequeño y que hacía mucho frío, Kevin la animó a que pasara unos días en Madrid con unas amigas, que su compañero Thibaut vivía por ahí y seguro que les podía enseñar la ciudad.

Pues sí, Thibaut les enseñó de todo y el caso es que Lijnen empezó a llevar una doble relación con el pelirrojo bajito y con el enorme portero. **De Bruyne no se enteró de nada, hasta que la prensa española sacó unas fotos de la nueva novia de Courtois… y resultó que era Caroline.** La cosa acabó muy regular entre los dos, que dejaron de ser amigos un buen tiempo y se dedicaron a ser compañeros y nada más. Con Bélgica tuvieron torneos muy buenos y supieron mantener la educación, pero poco más. GLUPS.

Poco después de romper su relación, De Bruyne se casó con la modelo Michèle Lacroix, mientras que **Courtois ha tenido varias aventuras amorosas, pero sentó la cabeza con Mishel Gerzig, otra modelo, con la que se casó en 2023**. En su defensa, Caroline Lijnen, cuando se supo todo y empezaron a pintarla como la mala de la película, dijo que De Bruyne nunca la trataba como se merecía y que, antes de su infidelidad, él se había enrollado con su mejor amiga. «Donde las dan, las toman», debió de pensar.

TE TIRO UN FACTO

Las historias amorosas a tres bandas entre jugadores son relativamente habituales, pero pocas tan públicas como la de Mauro Icardi y Wanda Nara, la mujer de su excompañero Maxi López. Años después, ya casados, Icardi y Nara volvieron a ser protagonistas de la prensa del corazón porque él le había sido infiel con una tal María Eugenia China Suárez. En fin, yo ya me he perdido, ¿y tú?

MAURO ICARDI, EL DELANTERO DE LAS MÁS DE 200 MUJERES

Os hablaba antes del «gatillo fácil» de Mauro Icardi no solo dentro del área, y aquí lo tenemos de nuevo. A ver, reconozcámoslo, los futbolistas son ricos, guapos, famosos… Vaya, que es normal que las chicas se fijen más en ellos que en nosotros, ja, ja, ja. Lo que pasa es que unos lo aprovechan más que otros, y me da que Icardi es de los que no deja pasar una. **A este lo metes en** *La Isla de las Tentaciones* **y tienen que reponer a todas las tentadoras en dos días.**

ROMPE CORAZONES DE MANUAL

Cuando se casó con Wanda Nara, es decir, con la exesposa de su compañero Maxi López (si es que vaya tela…), se dijo que antes se había acostado con 200 mujeres. **Teniendo en cuenta todo lo que pasó durante ese matrimonio y los periodos de peleas y discusiones…, pues no hay que ser muy listo para intuir que no se ha quedado en esa cifra.** Bien por él.

TE TIRO UN FACTO

Si 200 te parecen muchas, que supongo que sí, ten en cuenta que Wilt Chamberlain, la estrella de la NBA de los años sesenta y setenta, dijo en una entrevista que se había acostado con 20.000 mujeres. Murió con 63 años de un infarto al corazón. A ese ritmo, tampoco es para extrañarse, la verdad.

EL PEINADO
MÁS ICÓNICO DE LA
HISTORIA DEL FÚTBOL

Ronaldo era un jugador único. Por sus goles, por lo que transmitía, por su mala suerte con las lesiones y porque era un cachondo mental. Que pregunten en las discotecas de Madrid. **En 2002, estaba jugando con Brasil la Copa Mundial y lo único que tenía en la cabeza era vengarse de todo lo malo que le había pasado desde 1998:** el ataque epiléptico que casi lo deja fuera de la final en Francia, las dos lesiones espeluznantes de rodilla, las dudas de entrenadores y aficionados…

Ronaldo hizo un Mundial buenísimo: estaba de máximo goleador cuando justo antes de la semifinal contra Turquía empezó a sentir unas molestias en la pierna y casi *jugó cagoneta*. La prensa estaba todo el rato dándole la vara con la lesión y tal y a él se le ocurrió una pequeña locura: **hacerse un corte de pelo *tó wapo*, con toda la cabeza rapada menos un flequillito en forma de triángulo casi a la altura de la frente.**

Sus compañeros le dijeron que era un espanto y el entrenador casi lo manda de vuelta a Brasil…, pero funcionó. La prensa se centró en el corte de pelo; dejó de agobiarlo con la lesión y, a cambio, **Ronaldo marcó el gol que clasificó a su selección para la final y, una vez ahí, marcó otros dos para dar a Brasil el quinto título de campeón del mundo.** El último hasta la fecha. ¡Como no se anime Vinícius a hacer lo mismo, me da que pasan otros veinte años sin lograr el sexto!

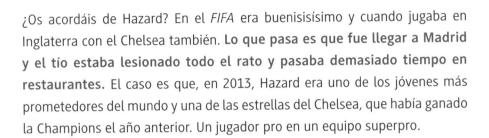

DATO 49 — EL DÍA QUE HAZARD SE LIO A PATADAS CON UN RECOGEBALONES

¿Os acordáis de Hazard? En el *FIFA* era buenisisísimo y cuando jugaba en Inglaterra con el Chelsea también. **Lo que pasa es que fue llegar a Madrid y el tío estaba lesionado todo el rato y pasaba demasiado tiempo en restaurantes.** El caso es que, en 2013, Hazard era uno de los jóvenes más prometedores del mundo y una de las estrellas del Chelsea, que había ganado la Champions el año anterior. Un jugador pro en un equipo superpro.

LA PATADA VOLADORA MÁS DESAFORTUNADA DE LA HISTORIA

El problema es que, para ser pro de verdad, tienes que calmarte un poco y mantener la compostura cuando juegas. Hay que serlo dentro y fuera del campo. Hazard estaba jugando contra el Swansea el partido de vuelta de la Copa inglesa y a su equipo no le quedaba tiempo: iban por el minuto 78 y tenían que remontar dos goles de la ida. **En una de estas, el balón salió por la línea de banda, lo pilló un recogebalones y en vez de devolvérsela a Hazard para que sacara... se sentó encima, rollo indio.** Hazard se puso de los nervios y quiso quitarle el balón de una patada, con la mala suerte de que le dio en las costillas, ¡OUCH!, y, claro, el árbitro lo tuvo que expulsar. Más tarde se disculpó con todo el mundo, pero su equipo ya estaba eliminado.

TE TIRO UN FACTO

De recogebalones pateado a... ¡multimillonario! Así es. Charlie Morgan, el recogebalones golpeado por Hazard, años después de la famosa patada, se convirtió en uno de los jóvenes más exitosos del Reino Unido, entrando en la selecta lista de los 35 jóvenes menores de 35 años más ricos de su país. ¿Que cómo lo hizo? Pues creando su propia marca de vodka, que lo ha llevado a amasar una fortuna de 55 millones de euros. Ahí es nada.

LA LAMENTABLE
DECISIÓN INGLESA QUE CASI ACABA CON EL FÚTBOL FEMENINO

Ya os conté antes que el fútbol femenino nació casi a la vez que el masculino…, pero que se encontró con mil trabas sociales para su práctica normal y corriente. **«No es para mujeres»**, decían muchos. ¿Y qué es «para mujeres»? ¿Alguna idea? Los años han demostrado que esos machistas estaban completamente equivocados, pero lo cierto es que, al menos en Inglaterra, el empeño de la Federación por prohibir los campeonatos femeninos hizo un daño terrible al deporte.

UNA INJUSTICIA QUE TODAVÍA RESUENA HOY EN DÍA

Todo empezó en 1921. La Primera Guerra Mundial acababa de terminar y los chicos volvían del frente, así que la federación decidió que había que volver al orden anterior: que los hombres jugaran y se divirtieran y las mujeres cuidaran niños e hicieran la comida. **Se prohibieron todos los campeonatos que involucraran a equipos femeninos y dicha prohibición se mantuvo… ¡hasta 1971!** ¡Que no estamos hablando de una cosa en blanco y negro, que Pelé ya había ganado tres Mundiales para entonces! Tremendo.

Cincuenta años sin competiciones oficiales no acabaron con el apetito femenino por el fútbol. Las chicas siguieron organizándose y jugando sus partidos…, pero sin el reconocimiento de su Federación, quedando condenadas a la marginalidad y al amateurismo. Aun así, sobrevivieron y ahora viven su mejor momento. ¡CAMPEONAS, CAMPEONAS, OÉ, OÉ, OÉ

TE TIRO UN FACTO

La primera Eurocopa femenina se disputó en 1984 bajo el nombre de Competición Europea de Fútbol Femenino y la campeona fue Suecia. Hubo que esperar hasta 1991 para ver la primera Copa Mundial Femenina, que ganó Estados Unidos a Noruega. Estas son las cinco selecciones que han conseguido ganar un Mundial femenino:

- ESTADOS UNIDOS: 4 (1991, 1999, 2015, 2019)
- ALEMANIA: 2 (2003, 2007)
- NORUEGA: 1 (1995)
- JAPÓN: 1 (2011)
- ESPAÑA: 1 (2023)

DATO 51

OSVALDO ARDILES
UTILIZÓ EL DORSAL 1...
¡SIN SER EL PORTERO!

Durante décadas, los jugadores ordenaban sus dorsales del 1 al 11 según su posición en el campo y dependiendo del partido. **Solamente en los torneos internacionales cada jugador podía utilizar el número que le apeteciera y mantenerlo toda la competición.** Por ejemplo, si alguien se quería poner el 13 porque era el día de su cumpleaños, pues *p'alante* (no lo digo por nadie, ¿eh?). Pero, como te contaba, hasta los años noventa, eso no se empezó a poder hacer en las ligas, y los dorsales no eran personalizados, sino que iban variando a lo largo de la temporada.

Elegir en un Mundial, por ejemplo, un dorsal del 1 al 11 era una manera de considerarte titular. Le mandabas al seleccionador el mensaje de que tú te merecías jugar. Eso lo hacían los veteranos, sobre todo. Luego, había excepciones: Cruyff siempre jugaba con el 14 con Holanda y nadie le discutía la titularidad. **Lo que estaba claro y lo sigue estando es que el 1 es el portero.** El jugador por el que empieza y termina todo. Nadie se atrevería a ponerse el 1 siendo jugador de campo, ¿verdad?

Pues no. Osvaldo Ardiles sorprendió a todos en el Mundial de España '82 jugando con ese dorsal para Argentina, la campeona defensora del título. Nadie lo ha vuelto a hacer en un torneo internacional, pero sí, de vez en cuando, en clubes. **Por ejemplo, Edgar Davids lo utilizó en su época en el Barnet FC inglés, al final de su carrera.** ¿Un poco chulito, tal vez?

DATO 52
UN JUGADOR PIRÓMANO QUEMÓ SU CASA A PROPÓSITO

Breno Vinícius Rodrigues Borges (oye, voy a llamarlo Vini y punto, que es más fácil) era un *crack* del São Paulo, el típico chaval con un talento que se le cae de los bolsillos. En cuanto el Bayern de Múnich lo vio, lo fichó…, **pero el entrenador era Van Gaal y a Van Gaal no le gustan mucho los brasileños talentosos; prefiere jugadores así más rollo Tchouameni.** Así que el pobre Vini estuvo dando vueltas por Alemania hasta que en 2011 volvió a Múnich de una de sus cesiones.

A SITUACIONES DESESPERADAS, SOLUCIONES DESESPERADAS (SPOILER: SALE MAL)

El tío debía de andar un poco chinado entre el cambio de continente y que las cosas no le iban bien… y cayó en una depresión gorda, que es una cosa horrible. **Un día, desesperado, decidió emborracharse y quemar la casa donde vivía, cedida por el Bayern.** Causó daños valorados en 390.000 euros y los propietarios lo denunciaron, claro. Al final, tuvo que pasar tres años y medio en la cárcel, por lo de la casa… y porque su mujer alegó violencia de género, que ella también vivía en la casa y discutían todo el rato.

La única buena noticia de todo esto es que, cuando salió, regresó a Brasil y siguió jugando al fútbol en su club, el São Paulo, y luego en el Vasco da Gama. allí solo quemaba el sol de las playas.

EL EQUIPO QUE RENUNCIÓ A JUGAR EL MUNDIAL POR NO PODER IR DESCALZO

El Mundial de Brasil 1950 pasará siempre a la historia por el *Maracanazo* (cuando Uruguay le ganó el último partido a los locales y se llevó el título), pero podría haber pasado también por ser el primero (y me juego algo a que el único) en el que un equipo jugaba su partido descalzo. A ver, que la historia es un poco *random*... La India consiguió su independencia después de la Segunda Guerra Mundial y, como país autónomo, participó en los Juegos Olímpicos de 1948. **Allí, en Londres, la selección de fútbol jugaba sin botas.** Bueno, tres se las podían pagar y los otros ocho no tenían ni para eso.

La historia dio la vuelta al mundo y, dos años después, la FIFA decidió invitarlos al Mundial de Brasil aprovechando que Birmania, Indonesia y Filipinas habían renunciado al viaje. **Para la India era un marronazo, porque venían de una guerra de independencia y no había dinero, así que rechazaron también la oferta.** Ahí es donde las versiones varían: la oficial —la de la federación india— es que dijeron que no porque el torneo lo consideraban menor en comparación con unos Juegos Olímpicos (¡hay que ver lo que ha cambiado todo!) y no se iban a gastar ese dinero en viajes e historias.

Ahora bien, el rumor que corrió por entonces, y que sigue vivo como mito popular, es que los jugadores se negaron a ir si no podían jugar descalzos. **Aunque la Federación o la propia FIFA les hubieran pagado el viaje, ellos seguían sin tener las botas adecuadas.** ¡Imagina que se cruzaran con Rüdiger ahora y les clavara sin querer los tacos! ¡OUCH! El caso es que aquella fue una oportunidad única: la India no ha vuelto a clasificarse para jugar una Copa del Mundo.

DATO 54

NI CRISTIANO NI MESSI.
LOS JUGADORES MÁS RICOS DEL MUNDO SON...

Entre lo que ganaron cuando estaban en su *prime*, lo que se están llevando ahora en sus retiros dorados y los contratos de publicidad, cualquiera pensaría que Cristiano Ronaldo y Leo Messi son los jugadores más ricos del mundo. **De hecho, si solo miramos anuncios y ficha anual, lo son..., pero hay otros futbolistas con más patrimonio personal.** Por ejemplo, Faik Bolkiah, miembro de la familia real de Brunéi, jugador del prestigioso Chonburi FC (ni idea, bro, te estaba vacilando) de Tailandia y con una fortuna de unos 20.000 millones de euros, por decir algo: calcular lo que valen los 600 coches de lujo que tiene su padre en el garaje, pues ya nos tomaría un buen rato.

MONEY, MONEY

El único que se le acerca es Mathieu Flamini, solo que el francés ya está retirado. **Mientras jugaba en el Arsenal y el Milan, puso los cimientos para una empresa de energía sostenible que está ahora valorada ¡en 30.000 millones!** Obviamente, no todos son suyos, pero Flamini es un ejemplo de que no todos los futbolistas son unos descerebrados que se arruinan cuando se retiran. Esos ejemplos sí que hay que seguirlos. Y ¡muy de cerca!

LOS ÚNICOS EQUIPOS QUE SIEMPRE HAN JUGADO EN PRIMERA

Si te digo que el Madrid y el Barça nunca han bajado a Segunda, seguro que no te sorprende. A ver, si son dos *cracks* europeos, se reparten todas las ligas…, es lo normal, ¿no? Lo curioso es que hay un tercer equipo, que fue el gran dominador en los años treinta y cuarenta y que se hinchó a ganar ligas y copas, que tampoco ha descendido incluso cuando han llegado las vacas flacas. **Hablamos del único e inigualable… ¡Athletic Club de Bilbao!**

Una cosa que llevamos con mucha honra en Bilbao es que aquí solo juegan «los de casa», que no son necesariamente vascos, sino formados en la cantera de clubes del País Vasco. **Alguno ha habido riojano, como Fernando Llorente; y pamplonicas hay un montón de ellos, incluyendo a Nico Williams o a Iker Muniain.** Eso, ya lo sabes, nos limita a la hora de hacer grandes fichajes y, bueno, pues hay temporadas que se dan muy bien, como el año pasado, en que ganamos la Copa del Rey después de cuarenta años, y otras que las hemos pasado canutas para mantenernos. Pero eso es parte del encanto del Athletic y no lo cambiaría por nada del mundo.

¡Se nos apareció san Mamés!

Pero el caso es que siempre hemos estado ahí. El año que peor lo pasamos fue en 2007, que tenía yo seis añitos. **Nos la jugamos en la última jornada contra el Levante, que estaba ya descendido, y tardamos la vida en ganar aquello, pero al final, mira, nos quedamos en Primera, que es lo que cuenta.** Que también lo han pasado mal los del Madrid y los del Barça, ¿eh? El Madrid rozó la tragedia en 1948 y tuvo que esperar a la última jornada para salvarse, mientras que el Barcelona tuvo que jugar hasta una promoción para no descender en 1942. ¡Que sí, que hace mucho tiempo, pero para que veáis que no todo es tan fácil!

TE TIRO UN FACTO

Hasta once equipos han estado 50 o más
temporadas en primera división.
A las 93 de Real Madrid, Barcelona y Athletic de Bilbao,
hay que sumar...

- VALENCIA (89)
- ATLÉTICO DE MADRID (87)
- ESPANYOL (87)
- SEVILLA (80)
- REAL SOCIEDAD (77)
- BETIS, ZARAGOZA Y CELTA (58)

EL ESTADIO DE FÚTBOL
MÁS GRANDE DEL MUNDO
ESTÁ EN... ¿COREA DEL NORTE?

El estadio más grande del mundo no está en Europa, ni en América del Sur, ni en Estados Unidos. Está en un país conocido por hacerlo todo a lo bestia: Corea del Norte. No es que hablemos de un sitio con mucha tradición futbolística, pero **protagonizaron una de las mayores sorpresas de la historia cuando en 1966 ganaron 1-0 a Italia en el Mundial y la eliminaron de la competición**. Tened en cuenta que Italia sería finalista en el siguiente mundial (1970). Los comentarios de la época —un poco racistas— eran que, como se parecían tanto, los norcoreanos habían sacado a once tíos distintos tras el descanso y no se había dado cuenta nadie. ¡No paraban de correr!

¿CÓMO SE DICE «ESPEJO» EN COREANO?
AHÍ-TOI

El caso es que, en 1989, el dictador Kim Il-Sung decidió hacer una obra faraónica en forma de estadio y, junto al río Taedong, en la isla de Rungra, al lado de la capital Pyongyang, **ordenó construir el estadio Rungrado Primero de Mayo, con un espacio de 207.000 metros cuadrados y capacidad para 114.000 espectadores**. Lo malo es que no siempre se utiliza para el fútbol, sino también para actos políticos del régimen. De hecho, la liga norcoreana no es la más seguida del mundo, precisamente. CRI-CRI-CRI-CRI.

POR QUÉ RONALDINHO NUNCA LLEVÓ EL 10 EN EL MILAN

Igual que asociamos el dorsal número 1 a los porteros, el 10 está reservado para los jugones, los *megacracks*, los más grandes de cada equipo. **Ronaldinho lo llevó durante cinco temporadas en el Barcelona, hasta que fichó por el Milan y se encontró con un problema: ese número ya lo llevaba Clarence Seedorf...**, y Seedorf era toda una institución en Italia, campeón hasta cinco veces de la Champions League.

Jogo bonito. Así que, como vio que el holandés no se bajaba del burro, Ronaldinho tiró de imaginación y se puso el 80 a la espalda. ¿Por qué? Muy sencillo, porque había nacido en 1980. La verdad es que no le trajo mucha suerte: el brasileño estaba cerca de la treintena, algo pasado de tanta fiesta, y **estuvo solo tres temporadas en el Milan, donde marcó solo 29 goles en 95 partidos antes de volver a Brasil y continuar una mala vida que** lo llevó a la cárcel. Afortunadamente, su llamativa sonrisa ya vuelve a alumbrar los eventos a los que lo invita la FIFA o incluso la Kings League.

Los últimos años de la carrera de Ronaldinho fueron, en fin, un poco bastante *random*. **Como necesitaba dinero, los negocios le iban mal y los vicios eran caros, aceptaba casi cualquier oferta.** De 2011 a 2015, jugó en el Flamengo, el Atlético Mineiro, el Querétaro y el Fluminense. Más que un jugador, era un icono publicitario que iba de lado a lado, según lo llevara la pasta. Se lo había ganado, al fin y al cabo.

OUH, MAMA!

AMOR DE MADRE

La pregunta es: si en el Barcelona llevaba el 10 y en el Milan el 80, ¿por qué, cuando le tocó jugar en el Atlético Mineiro y en Querétaro, eligió el dorsal 49? ¿Es que no había otro libre? No, bro, no es eso. Lo que pasó fue que Ronaldinho quería rendir homenaje a su madre, doña Miguelina, que había nacido en 1949 y empezaba a estar un poco pachucha (moriría en 2021), así que se puso ese número. **Su padre ya había muerto en 1989, cuando él era un niño de 9 años.**

ZAMORANO
JUGABA CON UN 1+8 EN EL
INTER COMO SEÑAL DE PROTESTA

Los delanteros centro son gente muy peculiar. Se chinan mucho. Si has jugado al fútbol lo sabes bien. Aunque solo sea una pachanga con los panas. Tienen que llevar el 9 para demostrar que meten más goles que nadie y llevan fatal que alguien venga y les quite el número. Algo así le pasó a Iván Zamorano, un delantero chileno que marcó época en el Real Madrid y que se tuvo que ir al Inter de Milán cuando llegaron Mijatovic y Šuker.

EL PISTOLERO APODADO «BAM-BAM»

Zamorano jugaba con el 9 y era la referencia, campo arriba, de los interistas. Metía unos cabezazos que ni Muriqi, el tío. En esas, el Inter, al que por entonces le sobraba la pasta, decidió fichar a Ronaldo Nazario. **Ronaldo era, con diferencia, el mejor jugador del mundo… y también quería jugar con el 9, pero, cuando llegó, el chileno le dijo que de eso, nada.** «¿Cómo que "de eso, nada?"», le contestó, al enterarse, el presidente del Inter, que ya había mandado fabricar millones de camisetas azules y negras con el número nueve y el nombre de Ronaldo…, y Zamorano tuvo que agachar las orejas.

Ahora bien, para que se notara que no estaba de acuerdo, se le ocurrió una protesta top: iría con el 18, pero con un «+» en medio, apenas visible. Uno más ocho igual… nueve, ya sabes. Lo que sea con tal de no ceder.

CUANDO MARADONA RECONOCIÓ QUE NO ERA EL MEJOR DE TODOS LOS TIEMPOS

Diego Armando Maradona, el Pelusa, no destacaba por su humildad. **Era un tipo que se llevaba todo por delante y al que le gustaba fardar con un taquito aquí, una declaración allá.** Maradona iba por el mundo y por el fútbol dejando bien claro quién mandaba ahí. Si había que regatearse a seis ingleses, pues se los regateaba. Si había que engañar al árbitro para que no viera una mano, pues algo se le ocurriría. Que había sido cosa de Dios, por ejemplo.

Maradona siempre dijo que era el mejor. No solo de su época, sino de la historia. **Mejor que Pelé, desde luego, con el que siempre tuvo una extraña relación amor-odio, tirando hacia lo segundo.** Ahora bien, en 1984, tuvo un breve momento de honestidad, incluso de gratitud, hacia un jugador desconocido en buena parte del planeta fútbol. Cuando un periodista le preguntó si se consideraba el mejor del mundo, Diego contestó sorprendentemente: «No, el mejor es Mágico».

EL MAGO POP, PERO SIN HACER DESAPARECER A NADIE

¿Y quién era ese Mágico? Ya lo sabes porque te lo he mencionado antes, el salvadoreño al que le metieron no sé cuántos goles en el Mundial 82, pero se vengó dejándonos casi una década del mejor fútbol en Cádiz y, brevemente, en Valladolid. Maradona coincidió dos años en la liga española con él y pudo ver aquello de primera mano: los quiebros, el manejo, los controles, la lectura del juego, las vaselinas imposibles. Mágico era eso: pura magia. Tanto que incluso el Pelusa se tuvo que rendir ante la evidencia. Un día, al menos. Luego, suponemos que se le pasaría y volvió a proclamarse como el mejor de la historia. Hay cosas que no cambian.

¿Sabías que el jugador marroquí Hicham Zerouali fue el primer jugador en ponerse el número cero como dorsal? Obviamente, era un juego con su apellido —CEROuali—: si se enteran los del *Marca* tienen para dos años de repetir el chiste, ja, ja, ja. **Zerouali fue de los pocos futbolistas en su país que ya en los años noventa estaba jugando en Europa, en concreto en el Aberdeen, y el primer año le dejaron jugar con su cero a la espalda**, pero la siguiente temporada la Premier League escocesa ya lo cambió y se tuvo que poner el once.

En la selección le pasaba lo mismo. Él quería llevar el cero, pero la FIFA y su propia federación se lo tenían prohibido, así que eligió también el once. **Era un jugador muy prometedor y muy querido en Escocia, donde lo llamaban cariñosamente «Cero».** A los 27 años, en 2004, murió en un accidente de tráfico y le rindieron un homenaje en Aberdeen, donde dejó una hija fruto de la relación con su pareja de entonces.

Un **10** para la afición escocesa.

¡AL LADRÓN, AL LADRÓN!
ROBARON LA COPA JULES RIMET, Y NO FUE UN HOLANDÉS DESESPERADO

Se considera a Jules Rimet el artífice de la organización internacional del fútbol tal y como la entendemos hoy. Suya fue la idea, como presidente de la FIFA, de organizar un campeonato del mundo entre selecciones europeas y latinoamericanas en 1930, y el éxito fue tal que **un siglo después seguimos dándole vueltas a cómo nos va a ir en 2026 en Estados Unidos y si con Lamine Yamal y Nico Williams nos va a bastar para** *campeonar*. Me da a mí que sí.

En fin, que, como homenaje a Rimet, desde 1950, al trofeo que levantaban los campeones se le llamaba Copa Jules Rimet, pero no es el de ahora, ojo, porque en 1974 ya entregaron a Alemania Federal el nuevo trofeo, el del balón que mueve el mundo. **Lo curioso de aquella Copa Jules Rimet es que, al estar construida con metales preciosos, se convirtió pronto en objeto de deseo de los ladrones.** *OH, LÀ, LÀ*!

En 1966, aprovechando que la Copa del Mundo se celebraba en Inglaterra y que el trofeo estaba expuesto en una urna un poco como si nada, el 20 de marzo alguien burló la seguridad, como si aquello fuera una final en el estadio de Saint-Denis, y se la llevó a su casa. Fue un escándalo mayúsculo, especialmente para Scotland Yard. **Sherlock Holmes lo habría encontrado en tres días, pero al final tuvieron que esperar siete.** Un señor estaba paseando al perro por la mañana y se encontró el trofeo tirado en el suelo envuelto en periódicos. Así son los ingleses. Al menos no la tiraron por un balcón.

Cuando, en 1970, Brasil ganó el Mundial por tercera vez, se ganó la propiedad en exclusiva del trofeo y la Confederación Brasileña de Fútbol también la expuso durante años como motivo de orgullo en su sede. Así, hasta que, en 1983, volvió a desaparecer. Acusaron a unos ladrones, pero estos a su vez le echaron la culpa a un joyero, que se estaba dedicando a quitar todo el oro de la copa para poder revenderlo. Le cayó un puro tremendo, pero la Copa, como tal, quedó inutilizada.

TE TIRO UN FACTO

Cuatro selecciones se llevaron la Jules Rimet...
aunque tres la devolvieron.
La Copa Jules Rimet, con ese nombre, solo se entregó entre Brasil 1950 y México 1970. En ese intervalo, el trofeo pasó por las manos de los capitanes de estos cuatro equipos:

- URUGUAY (1950).
- ALEMANIA FEDERAL (1954).
- BRASIL (1958, 1962 y 1970), lo que valió para que se la quedaran en propiedad.
- INGLATERRA (1966).

LOS PELIGROSOS TRATOS DEL «ESCORPIÓN» CON PABLO ESCOBAR

Todos hemos visto los vídeos en YouTube de René Higuita, **el portero colombiano que se salía al medio del campo a regatear rivales y al que le dio por parar un disparo en Inglaterra utilizando el «escorpión»** (búscalo, búscalo, que no tiene desperdicio). Higuita era un ídolo social en Colombia en los ochenta y los noventa y todo ídolo social en esa época corría el riesgo de verse agasajado… y coaccionado por el *narco*. En concreto, por el patrón, Pablo Escobar.

DE WEMBLEY A LA CÁRCEL, HUEVÓN

El 1 de junio de 1993, es decir, cuando Higuita aún era una estrella en el mundo del fútbol (su famoso «escorpión» es posterior), lo detuvieron y lo metieron en la cárcel por encubrir a Escobar en el secuestro de la hija de un amigo del propio Higuita. **El portero no quiso dar nombres por lealtad (y porque sabía que le iba la vida en ello) y apechugó con unos meses de cárcel, que lo dejaron sin Mundial '94, pero le permitieron seguir vivo.** No pudo decir lo mismo Andrés Escobar, que sí jugó esa Copa Mundial, se marcó un gol en propia meta… y acabó tiroteado en plena calle meses después. Mucho plomo para tan poca plata.

EL ICONO CULÉ QUE JUGÓ CON LA CAMISETA DEL ATLÉTICO DE MADRID... ¡AUNQUE FUERA UN SOLO PARTIDO!

Con esta curiosidad te va a explotar la cabeza, ya que, a pesar de que todos conocemos la trayectoria de Leo Messi, nadie sabe que también jugó un partido en el Atlético de Madrid. **Sí, sí, como lo lees, el 13 de junio de 2009 Leo Messi jugó un partido con la camiseta y el escudo del Atlético de Madrid en Rosario, Argentina. ¡BOOOM!**

Pero esto tiene su trampa; y es que lógicamente no era un partido oficial: fue un partido benéfico que organizaron la Fundación Atlético de Madrid y la Fundación Pupi Zanetti con el fin de ayudar a los más necesitados en Argentina. **¡Por lo que los aficionados del FC Barcelona pueden estar tranquilos!**

DIEGOOOL, DIEGOOOL

La otra camiseta que se puso, aunque fuera como homenaje, fue la de Newell's Old Boys, el equipo de toda su vida y en el que jugó brevemente Maradona, ya en sus últimos años. **Cuando falleció Diegol, en 2020, Messi se puso su camiseta de Newell's debajo de la del Barça y después de marcar contra Osasuna, se quitó la del Barça y mostró al público la del Pelusa.** Un gesto muy bonito... que le costó la tarjeta amarilla del árbitro. No perdonan ni una, los tíos.

LA DERROTA MÁS DURA
DEL BARCELONA FUE CONTRA MI ATHLETIC...

Estamos acostumbrados a ver al Barça ganar todo el rato —bueno, en los últimos años, un poco menos, la verdad…—, pero de ahí a que le metan 12…

A ver, bro, hay un mundo, ¿no? **Pues mi Athletic ahí estuvo en 1931 para ganar 12-1 en San Mamés.** Eran otros tiempos, vale, pero que nos quiten lo bailao, que doce chicharros al Barça no se los mete cualquiera.

TE TIRO UN FACTO

Las otras peores derrotas del FC Barcelona:

- Real Madrid 11-1 Barcelona (1943)
- Sevilla 11-1 Barcelona (1940)
- Sevilla 8-0 Barcelona (1946)
- Real Madrid 8-2 Barcelona (1935)
- Barcelona 2-8 Bayern de Múnich (2020)

LOS GOLEADORES MÁS TOP DE LOS MUNDIALES

Miroslav Klose, el delantero alemán que jugó los Mundiales de 2002, 2006, 2010 y 2014... y sumó un campeonato, una final y dos semifinales, es el pichichi histórico de las Copas Mundiales. **Era un delantero algo tosco, que nunca hizo gran cosa con sus clubes, pero que cada cuatro años florecía en el Mundial de turno y formaba parte ya casi de la familia.** En sus cuatro Mundiales, Klose jugó 24 partidos y metió 16 goles. Nadie ha metido más que él en la historia. Solo se le acercan Ronaldo Nazario, con 15, y el Torpedo Müller, con 14. Una compañía flipante.

¿MÜLLER, EL ÍDOLO DE CHIQUITO DE LA CALZADA?

¿Sabéis quién es el siguiente en esa lista, con 13 goles? **Pues el francés Just Fontaine**, pero lo más *random* de este tío es que los metió todos **¡en el mismo Mundial!** Jugó seis partidos en Suecia 1958, marcó sus 13 chirlos y no se volvió a saber de él. Una media que no te la firma ni Álvaro Morata, vaya. Bueno, quizá no sea el mejor ejemplo. Nadie se ha acercado ni de lejos a sus 13 goles en una sola edición. El que más, con 11 goles, fue Sandor Kocsis, de la maravillosa Hungría de 1956. Justo después, con 10, el Torpedo Müller, en México 1970.

TRIUNFAR CON TU PROPIA FILOSOFÍA

Lo comentaba antes, pero déjame que saque pecho aquí y me llene de orgullo. Mi equipo, el Athletic, no solo no ha descendido nunca a Segunda División, **sino que además ha ganado 8 ligas y 24 Copas del Rey; la última de ellas, contra el Mallorca, en 2024**. En otras palabras, lleva siendo competitivo un siglo entero, que se dice pronto. También os digo que, por mí, y por la mayoría de los aficionados del Athletic, como si no hubiera ganado ningún título. Lo que nos importa es la filosofía del club.

¿Y de qué va esa filosofía? ¿Va a entrar en la próxima EVAU? Pues no, claro. Mira, el propio club la describe en su página web de la siguiente manera: «Nuestra filosofía deportiva se rige por el principio que determina que **pueden jugar en sus filas los jugadores que se han hecho en la propia cantera y los formados en clubes de Euskal Herria**, que engloba a las siguientes demarcaciones territoriales: Bizkaia, Gipuzkoa, Araba, Nafarroa, Lapurdi, Zuberoa y Nafarroa Behera, así como, por supuesto, los jugadores y jugadoras que hayan nacido en alguna de ellas».

EL QUE JUEGA AQUÍ ES PORQUE LO SIENTE

Mucha gente dice: «Es que solo juegan vascos», pero no es verdad. Si te has formado en las categorías inferiores, vales, seas de donde seas (anda que no ha habido riojanos, por ejemplo). Aparte, el concepto de «vasco» no se limita a la comunidad autónoma, sino que incluye Navarra y el País Vasco francés. Por eso, jugadores como Laporte o en su momento Lizarazu han jugado en el Athletic de forma completamente natural. Se los considera de la casa y punto.

Lo mismo pasa con los hijos y los nietos de emigrantes vascos, como el mismísimo Biurrún, un porterazo de los años ochenta que hacía de suplente de Zubizarreta. En fin, que tenemos un mercado muy limitado, pero un mérito enorme.

¡Aúpa, Athletic!

DOBLE CAMPEONA: SALMA PARALLUELO PODRÍA HABERSE DEDICADO TAMBIÉN AL ATLETISMO

Con 20 años, Salma es una de las grandes estrellas del Barcelona y de la selección española. **Con sus goles en cuartos y en semifinales del pasado Mundial, conseguimos plantarnos en la final y levantar el título.** Si uno se fija en esta chica, lo primero que nota es que, además de su calidad, tiene una capacidad física envidiable. No hay quien la pille cuando se escapa, parece que tenga 99 de ritmo.

¿ATLETISMO O FÚTBOL? ESA ES LA CUESTIÓN

¿Sabes por qué consigue imponerse físicamente a todas sus rivales? **Pues porque hasta los 15 años estuvo haciendo atletismo a la vez que jugaba al fútbol... y se le daba de vicio.** Había empezado a entrenar con 7 años, repartiéndose el tiempo entre los dos deportes y soñando con poder dedicarse a ambos ¡a la vez! ¡Qué locura de tía! Lo que pasó fue que tuvo una lesión seria cuando estaba jugando en Villarreal y, aunque el Barça seguía interesado en ficharla, la hizo elegir: o se tomaba en serio el fútbol o nada.

Y Salma renunció a los Campeonatos Europeos de Atletismo y a una carrera que no sabía muy bien por dónde iría en el futuro, para dedicarse por completo a su nuevo club y al otro deporte que la fascinaba. **Un par de años después era campeona del mundo.** No se equivocó para nada en la decisión.

LA FA CUP
TIENE YA MÁS DE 150 AÑOS DE HISTORIA

Y, aunque no te lo creas, no siempre la ha ganado el Manchester City (*nah*, te estoy vacilando, que ya sé que el año pasado la ganó el United). **Fue, en su momento, la primera competición oficial en crearse, exactamente, en 1872, cuando el fútbol era algo casi exclusivo de Reino Unido** y ni siquiera se había fundado un solo club en España. Recordad que el decano, es decir, el más antiguo de los equipos españoles, es el Recreativo de Huelva... ¡y se fundó en 1889! Por un escocés, cómo no.

En esa primera FA Cup jugaron 15 equipos, entre ellos el Queen's Park, que luego se convertiría en el Queen's Park Rangers y el Crystal Palace FC, que, con variaciones, ha llegado también hasta nuestros días. **¿Quién ganó el primer título? Un equipo llamado Wanderers, con gol de Morton Betts..., que jugaba el partido bajo seudónimo porque ya había jugado con otro equipo antes.** Si es que las trampas en el fútbol no son cosa nueva, no te creas. Vienen de muuuuuuy lejos.

¿Quién la ha ganado más veces? El Arsenal, con 14 títulos, un equipo con fama de *loser* y de «pecho frío» en los últimos años, pero con un palmarés impresionante.

EL PARTIDO QUE MARCÓ
A LA GENERACIÓN DE
NUESTROS PADRES

Si le preguntas a tus padres qué partido recuerdan mejor cuando eran niños, seguro que muchos os dicen el España-Malta de 1983. **Era un partido raro, casi al principio de las Navidades, con un frío tremendo, y España necesitaba ganar por once goles de diferencia a un equipo no muy top, pero en el que todos tenían dos piernas y dos brazos.** Vaya, que la idea de meterles once goles era una fumada absoluta. Se iba a intentar, claro, pero un poco por salvar el honor y que no se dijera.

Bueno, pues si once goles parecían una barbaridad, Malta tuvo la buena idea de marcarnos en la primera parte. Vamos, había que meter doce ahora. **¿Pero cómo se van a meter 12 goles en un partido profesional? Eso solo lo hacía el Athletic en sus buenos tiempos.** LOL.

Pues no se sabe bien qué pasó en el vestuario durante el descanso, que el 3-1 de la primera parte fue creciendo y creciendo con goles de Poli Rincón, de Santillana, de Maceda… De un montón de gente que igual no te suena de nada, pero que a tus padres les harán saltar las lágrimas.

GOOOOOOL DE SEÑOOOOOOR

Y, de repente, cuando quedaban aún como quince minutos, miraron al marcador y vieron... ¡11-1! Que aquello estaba hecho, chavales, pero había que meter otro gol... y el encargado fue Juan Señor. Venga, esto seguro que os suena: **el de la tele gritando como un loco y metiendo un gallo que se parecía a mí cantando en la ducha con lo del «¡goooooooool de Señoooooooor!».** En redes sociales, se utilizaba mucho antes cuando alguien te decía algo como secreto cuando ya lo sabía todo el mundo.

Y, nada, pues que España se clasificó para la Eurocopa '84 y además fue finalista contra Francia. Perdimos, pero para esa generación fue todo como un sueño. **Algo parecido a lo que hemos vivido nosotros este verano con nuestra Eurocopa.**

TE TIRO UN FACTO

Las goleadas más salvajes de la selección española:

- ESPAÑA 13-0 BULGARIA (1933)
- ESPAÑA 12-1 MALTA (1983)
- ESPAÑA 10-0 TAHITÍ (2013)
- ESPAÑA 9-0 PORTUGAL (1934)
- ESPAÑA 9-0 ALBANIA (1934)
- ESPAÑA 9-0 AUSTRIA (1999)
- ESPAÑA 9-0 SAN MARINO (1999)

DATO 71

EL GOLEADOR QUE CANTÓ «¡BINGO!»

De tanto discutir sobre si el mejor es Cristiano o el mejor es Messi, a veces nos olvidamos de lo top que han sido los dos, con unos registros impresionantes. **El portugués, por ejemplo, ha marcado 895 goles a lo largo de su carrera. Eso, en 1.231 partidos, que vienen a ser unos tres goles cada cuatro partidos.** Pero hay algo aún más impresionante: Cristiano ha hecho el bingo con el cartón de minutos de juego, es decir, ha marcado en absolutamente todos los minutos, sin dejarse uno.

Y no os creáis que le tomó mucho tiempo. Es un récord que tiene en su poder desde 2014, es decir, hace ya diez años. **Lo consiguió en un partido de Copa del Rey, con un gol de penalti contra el *Atleti* en el minuto 15, el único que le faltaba.** Lo impresionante de aquella cifra —y que ya nos explicaba bastante de qué tipo de fenómeno es Cris— es que 22 de esos goles habían llegado en el minuto 90 o en el descuento. ¡Vaya *crack*!

TE TIRO UN FACTO

¿Es Cristiano el único jugador que ha conseguido este peculiar «bingo»? No, pero es uno de muy pocos, entre los que no está siquiera Messi, al que le falta por tachar el minuto uno. Sus compañeros en tan distinguido club son Zlatan Ibrahimovic, David Villa, Luis Suárez, Edinson Cavani, Kun Agüero, Raúl, Alessandro Del Piero, Klaas-Jan Huntelaar y Francesco Totti.

EL *HAT-TRICK*
MÁS RÁPIDO DE LA HISTORIA

Marcar tres goles en un mismo partido es una auténtica salvajada al alcance de muy poquitos. Que esta gente es muy buena y no te lo pone nada fácil. Ahora, imagina lo que sería meter tres goles en 90 segundos. **Marcas un gol, sacan de centro, marcas otro gol, sacan de centro, y, toma, otro chicharro para la jaula.** Algo así fue lo que debió de hacer Tommy Ross —parece un nombre de *Blue Lock*— el 28 de noviembre de 1964, cuando jugaba en el Ross County contra el Nairn County.

GOL, GOOOL Y GOOOOOOOOOL
(¿SEGURO QUE NO ES LA REPE?)

A ver, tengo que aclarar que estoy hablando de la regional escocesa, pero el mérito es el mismo. El tío tiene hasta su plaquita del *Libro Guinness de los récords*. Si nadie más lo ha conseguido, en ninguna categoría, será que no lo regalan. **En la liga española —hablamos de Primera División— el récord lo tiene Kevin Gameiro cuando jugaba en el *Atleti*, que le marcó tres goles al Sporting de Gijón en cuatro minutos y 45 segundos.** Más o menos, lo que le hacía jugar Simeone por partido.

El jugador que más *hat-tricks* ha marcado en la historia del fútbol es Cristiano Ronaldo, con 64..., y **el que más goles ha marcado en un solo partido oficial ha sido el australiano Archie Thompson, que metió ¡13! con su selección a la todopoderosa Samoa Americana.** Qué bochorno, chaval.

¿ES POSIBLE MARCAR UN GOL EN MENOS DE TRES SEGUNDOS?

Pues sí…, pero hace falta mucha puntería y una cierta colaboración del portero. El 26 de diciembre de 1988, jugaban, en la liga regional de Uruguay, el Río Negro Capital y el Soriano Interior. **Al ir a sacar de centro, uno de los jugadores de Río Negro toca muy levemente el balón y su compañero Ricardo Olivera le mete un trallazo que se acaba colando por la escuadra.** El gol llegó a los 2,8 segundos de partido porque fue lo que tardó el balón en cruzar medio campo.

SI VAS A POR PIPAS, TE LO PIERDES

El portero y los defensas se quedaron ahí flipados, porque la jugada era de lo más *random*, la verdad. **Si hubieran estado un poco más atentos, hombre, un disparo que te viene de 40 metros igual lo puedes parar,** ¿no? En España, el gol más rápido es de Joseba Llorente, cuando jugaba en el Valladolid. Sucedió en la jornada 20 de la temporada 2007/2008 y al Espanyol le hicieron la trece, catorce: Llorente sacó, se la pasó a Víctor, que hizo como que iba a pasar atrás, pero metió un balón largo al delantero, que recibió solo y se la puso por arriba al portero. Golazo.

EL HOMBRE QUE FINGÍA FUERA DE LA CAMA

De la vida de reyes que se pegan algunos futbolistas ya te he hablado bastante, pero es que lo de este tío no tiene ningún tipo de sentido. **Hablo de Micah Richards, un exjugador inglés que estuvo en el Manchester City de 2004 a 2014, cuando el equipo empezaba a levantar cabeza, pero aún no había llegado Guardiola.** Richards era un lateral derecho de los que le rentan a cualquiera, titular incluso en la selección inglesa.

Bueno, el caso es que va Richards al entrenamiento y el tío no se encuentra muy bien y se empieza a llevar la mano a la pierna y le dice al entrenador: **«*Míster*, que no puedo, que me he lesionado, que me molesta aquí al correr...».** ¿Y qué queréis que haga el entrenador? Pues, vale, Micah, vete al vestuario y que te vea el fisioterapeuta. ¿¿¿QUÉ???

EL CUTRE SALTO DEL TIGRE

Lo que no le contó a nadie Micah, hasta que lo confesó años después en un programa de la tele inglesa, era que **se había pasado la noche anterior en la cama con una señorita y que en un momento dado se habían caído los dos y él se había hecho daño en los isquiotibiales.** Esto es solo comparable a cuando Cassano se llevaba a las chicas al hotel y luego pedía cruasanes a mitad de la noche porque se quedaba con hambre. Tengo la sensación de que no son los únicos que han pasado por eso, ja, ja, ja.

DATO 75

EL LOCO ABREU SE RECUPERÓ DE SU GOL FALLADO Y TUVO LA CARRERA MÁS LARGA DEL MUNDO

¡El gol de Abreu! ¡El gol de Abreu! ¡Abreu…, Abreu…, Abreeeu! Así como te la he escrito parece la narración de un golazo, ¿verdad? **Pues todo lo contrario, es la narración de un gol fallado a puerta vacía que se hizo viral en España en los años noventa.** El protagonista era el uruguayo Washington Sebastián Abreu y ya por entonces lo llamaban «el Loco», un apodo bastante habitual en Sudamérica, pero que en su caso le iba como anillo al dedo, porque era un culo inquieto y un tipo peculiar.

EL NUEVO WILLY FOGG…
(CHISTE PARA PADRES)

Un gol como ese, convertido en meme, puede acabar con tu carrera, pero Abreu era joven y no se rindió. ¿Te puedes creer que se retiró hace solo tres temporadas? ¡24 años después de ese fallo! **Es el jugador que ha formado parte de más equipos distintos, un total de 31 entre 1994 y 2021, aparte de la selección de su país, con la que fue campeón de la Copa América y jugó tres Mundiales**, ni más ni menos. Oye, pues ni tan mal ¿no?

TE TIRO UN FACTO

31 equipos… ¡en 11 países distintos!
Aquí tienes un listado de todos los equipos en los que jugó el Loco. Si hubiera sido vasco, nos lo habríamos traído al Athletic. A Bielsa le habría encantado.

- Defensor Sporting (Uruguay)
- San Lorenzo de Almagro (Argentina)
- Deportivo de La Coruña (España)
- Gremio (Brasil)
- Tecos (México)
- Nacional de Montevideo (Uruguay)
- Cruz Azul (México)
- América (México)
- Dorados de Sinaloa (México)
- Monterrey (México)
- San Luis (México)
- Tigres (México)
- River Plate (Argentina)
- Beitar Jerusalén (Israel)
- Real Sociedad (España)
- Aris Salónica (Grecia)
- Botafogo (Brasil)
- Figueirense (Brasil)
- Rosario Central (Argentina)
- Aucas (Ecuador)
- Sol de América (Paraguay)
- Santa Tecla (El Salvador)
- Bangu (Brasil)
- Central Español (Uruguay)
- Deportes Puerto Montt (Chile)
- Audax Italiano (Brasil)
- Magallanes Rio Branco (Brasil)
- Boston River (Uruguay)
- Athletic Club MG (Brasil)
- Sud América (Uruguay)
- Olimpia (Uruguay)

CUANDO EL HOMBRE MÁS RÁPIDO DEL MUNDO QUISO SER FUTBOLISTA

Por si no lo conocéis, Usain Bolt es, probablemente, el hombre más rápido de la historia. **Tiene el récord del mundo de los 100 y los 200 metros lisos y ha ganado ocho medallas de oro en los Juegos Olímpicos.** Lo que le pasaba al bueno de Bolt era que le picaba mucho lo del fútbol. En Jamaica jugaba un montón y se le daba bien, pero el tío era muy alto y muy rápido y el atletismo le empezó a exigir cada vez más tiempo. Como Salma Paralluelo… pero al revés.

ZUUUMMMMM

FUTBOLISTA POR UN DÍA

Ya retirado y con treinta y pico años, pidió el favor a los técnicos del Borussia Dortmund de ir a entrenar un día con ellos, a ver qué pasaba. **El problema que tenía Bolt para dedicarse a esto era precisamente lo que le hacía sobresalir como velocista:** era tan rápido que lo suyo era ponerlo de extremo…, y a la vez era tan alto que encajaba mejor de delantero tanque. Bueno, el caso es que Usain le echó todas las ganas del mundo y dejó caer que le encantaría repetir, e incluso hizo otro entrenamiento con el Manchester United, pero no hubo manera. No lo fichó nadie.

Si te retiras de lo que mejor haces, es raro que alguien te llame para otra cosa. Salvo que seas Michael Jordan y el dueño de tu equipo tenga también uno de béisbol.

DATO 77

LA TELE INGLESA YA ECHABA FÚTBOL ¡ANTES DE LA SEGUNDA GUERRA MUNDIAL!

Los ingleses siempre han sido unos adelantados en todo menos en ganar Eurocopas. **En los años treinta ya tenían preparado algo muy parecido a nuestra actual televisión, con el apoyo de toda la tecnología de la BBC.** Por entonces, el fútbol ya era un deporte de masas y les pareció buena idea que una de las emisiones en pruebas fuera de un partido. En concreto, del Arsenal contra su equipo suplente. Así se garantizaban que al menos un inglés saliera vencedor. Cosas de ingleses, ya sabes.

UN ÉXITO ROTUNDO

El partido se jugó el 16 de septiembre de 1937. La elección del Arsenal tuvo que ver con que era el equipo de moda de la década. Había ganado tres veces la liga de Primera División en los años anteriores… y ganaría también en la temporada 1937/1938, muy poquito antes de que hubiera que parar todo por los bombardeos alemanes de la Segunda Guerra Mundial. También influyó que su estadio, el mítico Highbury, pillaba al lado de los estudios de la BBC. Menos curro para todos.

El resultado era lo de menos. Tanto que nadie lo recuerda. **Pero aquellos veintidós señores hicieron historia y dieron paso a los multimillonarios de hoy en día** con sus bestiales contratos de derechos televisivos.

EL PARTIDO DE LOS 31 GOLES

Probablemente no supieras que existía un país llamado Samoa Americana (o quizá sí, si eres el más espabilado de clase) y que tenía una selección de fútbol. **Tampoco lo sabían muchos antes de que le cayeran 31 goles como 31 soles ante Australia el 11 de abril de 2001.**

Las dos selecciones jugaban las clasificatorias para el Mundial de Corea y Japón de 2002, pero la diferencia entre ambos equipos era abismal. **Los samoanos son conocidos por la lucha libre y por el rugby..., pero el fútbol, desde luego, no es lo suyo.** Si a eso le unimos que esa Australia era una selección bastante top que ya presagiaba los éxitos de final de la década —cuando se clasificó para el Mundial de Alemania 2006 y jugó todos los campeonatos desde entonces—, pues la paliza estaba asegurada.

A los 25 minutos ya iban 9-0; llegaron al descanso 16-0. Nada más empezar la segunda parte, metieron otros seis goles… y el resto es historia hasta el 31-0 final. Archie Thompson, el delantero que sustituía ese día a Vidmar y a Aloisi —que no podían jugar por decisión de sus clubes y porque, bro, ¡era Samoa, podía haber jugado mi primo y habría dado absolutamente igual!—, marcó 13 goles. ¡Trece goles en un solo partido oficial! Obviamente, es el récord absoluto.

¡AUSSIE, AUSSIE, AUSSIE, GOL, GOL, GOL!

En total, en esa fase de clasificación, Australia ganó todos los partidos, marcó 66 goles y ¡no encajó ninguno! Eso no le sirvió para meterse en el Mundial de ese año, así que, desde 2010, decidieron que era mejor jugar las clasificatorias con los equipos asiáticos, y desde entonces no han fallado en ninguna edición.

TE TIRO UN FACTO

Por increíble que parezca, ese 31-0 no es la mayor goleada de todos los tiempos. ¿Sabías cuáles han sido las otras palizas top entre selecciones en partidos oficiales?

- Vanuatu 46-0 Micronesia (Juegos del Pacífico, 2015)
- Australia 17-0 Islas Cook (Copa de las Naciones OFC, 2000)
- Dinamarca 17-1 Francia (Juegos Olímpicos, 1908)
- Antillas Neerlandesas 15-0 Puerto Rico
- (Juegos Centroamericanos, 1959)
- Brasil 14-0 Nicaragua (Juegos Panamericanos, 1975)

DATO 79

MADERA DE ACTIVISTA:
UN AFICIONADO SE ATÓ AL POSTE DE UNA PORTERÍA

Normalmente, cuando los aficionados quieren llamar la atención en un partido se quitan la ropa y se dan una vuelta por el campo hasta que alguien de seguridad lo caza al vuelo y les tapa las vergüenzas. **Otras veces, los partidos de fútbol, al tener tanta audiencia, se convierten en escenarios de protesta para algunos activistas.** Suelen ser protestas pacíficas, gestos de cara a la galería, para no cabrear a nadie y que no te acaben sacudiendo por listo.

LE DABA «PALO» IRSE

El 17 de marzo de 2022, jugaba el Liverpool en el campo del Everton, su rival de la misma ciudad. Por si no lo sabías, es un derbi muy importante en Inglaterra y la gente está muy pendiente de lo que pase, así que un menda, por toda la cara, decidió salir al campo, ir corriendo a la portería y atarse el cuello a uno de los postes con una gruesa brida de plástico. **Ahí estaba el tío, con sus gafas y su cara de «me da igual todo lo que estéis pensando», y los de seguridad buscando unas tijeras para cortar la brida y mandarle a tomar viento.**

Al final, después de casi veinte minutos, lo consiguieron liberar. Su protesta era contra el uso del petróleo. Llevaba una camiseta naranja que ponía: «No tenemos futuro. Parad ya el petróleo». A ver si al menos sirvió de algo.

TE TIRO UN FACTO

Hace ya años que, debido al cada vez más alto número de espontáneos en busca de su minuto de gloria o de revindicar la polémica de turno, la UEFA decidió hace no darle exposición a todo aquel que se atreva a invadir el terreno de juego. Por ello, cuando un aficionado decide lanzarse al campo, las cámaras enfocan a otras partes del estadio.

CUANDO UN 69 NO ES LO QUE PARECE (O SÍ)

¿Sabías que Bixente Lizarazu, el jugador vasco-francés que jugó en el Athletic, se puso el número 69 como dorsal en el Bayern de Múnich? **Lizarazu era un lateral muy fuerte y muy rápido, campeón del mundo con Francia en 1998 y de Europa en 2000.** A escala de clubes no consiguió destacar mucho, aunque jugar en el Athletic ya vale por toda una carrera, ja, ja, ja. Bueno, el caso es que, después de jugar en Burdeos y en Bilbao, se fue a Múnich por un buen dinero y pidió como dorsal el 69.

Los directivos alemanes flipaban, claro, porque le veían un doble significado que sonaba raro en un equipo de fútbol. **Lizarazu los tranquilizó: el número venía por su año de nacimiento (1969) y por su estatura (1,69 metros, muy bajito incluso para esa época).** En el Bayern, Lizarazu vivió de todo: ganó un porrón de ligas, perdió una Champions en el descuento contra el Manchester United y ganó otra por penaltis contra el Valencia.

EL CROATA CACHONDO (LITERAL)

El croata Dino Drpic quiso hacer la gracia en 2011 con el mismo número, en el Karlsruhe, pero ahí la Bundesliga se olió la tostada y le dijo que ni de broma, que se cogiera otro dorsal y se dejara de historias. Se pasó de chulo y se fue para casa calentito.

Hemos visto partidos guarros y árbitros con ganas de sacar tarjetas, pero lo que pasó en Claypole (Argentina) en marzo de 2011 no tiene igual en la historia del fútbol. Jugaban Claypole y Victoriano Arenas. **Era un partido de categorías regionales, sin demasiado follón hasta que, al final del primer tiempo, uno de los jugadores se ganó la primera roja.** Bueno, esas cosas pasan, y en Argentina, a menudo.

JUEGUEN, JUEGUEN...

El partido continuó, todo bajo control... y, cuando pita el final, el árbitro, que se llamaba Damián Rubino, ve que el expulsado del primer tiempo, ya vestido de calle, sale corriendo al campo a zurrar a un rival. **Y, bueno, a partir de ahí, se lía La Velada pero sin Ibai.** Todos se pegan con todos, saltan los del banquillo, los entrenadores... Y Rubino decide que, como todos los jugadores han intentado participar de la pelea, con éxito o sin él, pues hay que expulsarlos. PIIIIII PIIIIII PIIIIII.

Once jugadores por equipo más siete suplentes son dieciocho. Dieciocho y dieciocho, treinta y seis. Pues eso, 36 rojas sacó Rubino y se quedó tan ancho. **Luego, el Comité de Competición se limitó a sancionar a dos por equipo, porque, si no, se quedaban sin liga.** A Rubino lo apartaron una temporada y, aunque dice no arrepentirse de lo pitado, sí reconoce que ahora lo habría hecho distinto. Como Mateu Lahoz tras el Argentina-Países Bajos del Mundial de Qatar.

¡EXPULSADO!

EL PEOR DESASTRE EN LAS GRADAS

Tal vez te suene la tragedia de Heysel, el mayor estadio de Bruselas, donde murieron 39 personas por una avalancha justo antes de la final de Copa de Europa de 1985. **También te puede sonar lo que pasó en Hillborough, cuando otra avalancha mató a 96 personas aplastadas contra las vallas,** la mayoría aficionados del Liverpool, en 1989. Son dos momentos tristísimos del fútbol que los medios recuerdan de vez en cuando.

Lo que seguro que no sabías es que, desgraciadamente, ha habido otras tragedias de ese tipo y más graves. Por ejemplo, la sucedida en el estadio Nacional de Lima el 24 de mayo de 1964, durante un partido Perú-Argentina de la clasificación para el Mundial de Inglaterra '66. Argentina ganaba 0-1, quedaban pocos minutos y en una jugada aislada… ¡Perú consiguió empatar! **La gente se volvió loca, pero el «arbi» decidió anular el gol y ahí sí que se lio parda.**

Dos aficionados saltaron al campo a zurrar al árbitro, pero la policía los pilló antes y empezó a darles por todos lados delante de todo el mundo. **Boh, ¡la peña se puso loquísima! Empezaron a tirar cohetes, los policías dispararon bombas lacrimógenas…** Cientos de personas quedaron atrapadas entre avalanchas a un lado y a otro, y la cosa todavía empeoró cuando se liaron a disparos, ya fuera del estadio.

En total, murieron 328 personas. **Oficialmente, todas por asfixia, pero los que estaban allí insisten en que muchos fueron por disparos de la policía,** algo que nunca fue investigado. Es la mayor tragedia de la historia del fútbol.

SAD FACTO

Estas son otras tragedias donde murieron
aficionados en las gradas:

• Arema FC-Persebaya Surabaya (Indonesia, 2022).
125 muertos.

• Accra Hearts of Oak-Assante Kotoko (Ghana, 2001).
125 muertos.

• Guatemala-Costa Rica (Guatemala, 1996).
82 muertos.

• Al Ahly-Port Said (Egipto, 2012). 74
muertos.

• Spartak Moscú-HFC Haarlem (Rusia, 1982).
66 muertos.

Siempre se dice que a los porteros nunca les dan premios y que solo se hacen famosos cuando la lían en un partido. Algo hay de razón en eso, pero hay como mínimo dos excepciones: en 1963, Lev Yashin, portero soviético (si no sabes lo que es eso, tienes que prestar más atención en clase) del Dinamo de Kiev se llevó el Balón de Oro de la revista *France Football*. El que mola, el original, el que gana Messi todos los años. Es el único que se ha llevado ese premio. Ni Buffon, ni Casillas, ni Neuer lo han conseguido nunca.

Y en los Mundiales, en vez de dar el MVP, como en la NBA, pues también dan un Balón de Oro, para que quede claro quién es el mejor. En 2002, se lo dieron a Oliver Kahn, portero alemán y del Bayern de Múnich. Kahn era BUENÍSIMO, un porterazo que flipas, de los que meten miedo. Y es verdad que hizo un Mundial increíble, llevando a Alemania a la final..., pero el premio quedó un poco raro cuando se vio que, en esa final, Ronaldo Nazario le marcaba dos goles.

Es lo que pasa cuando tienes que pagar deudas históricas, que contraes alguna nueva, fijo. Lo que no sabemos es si hizo una palomita para recogerlo ni si después lo botó tres veces y lo mandó arriba para que lo rematara Klose.

Las entradas de los rivales, los entrenamientos, las malas caídas… y el sexo. Al parecer, estas son las cuatro principales razones para que los jugadores se lesionen. Loco, ¿no? Lo vimos antes con Micah Richards y ahora vamos con un ejemplo más reciente y reconocido públicamente.

A ver, cuando Kevin-Prince Boateng, que llegó a jugar en el Barça unos meses, estaba en el Milan, se lesionaba todo el rato. Nadie sabía por qué era eso y los médicos le miraban la alimentación, los esfuerzos sobre el campo… Un misterio, vaya.

UN FÍSICO PORTENTOSO… PARA EL FÚTBOL ¡Y EL AMOR!

Hasta que su novia salió en la prensa a explicarlo todo: al parecer, Boateng se lesionaba todo el rato… porque hacían el amor de siete a diez veces por semana. **Menos mal que no dijo que hacían eso cada día porque a Boateng lo mata y el equipo lo echa al minuto.** No sé si lo dejaron o no, pero el caso es que la carrera de Boateng nunca acabó de explotar, aunque tenía material para ello.

128 GOLES... ¡Y ESO QUE ERA EL PORTERO!

De toda la vida, el portero estaba para parar lo que le tiraran. Es obvio, ¿no? Bueno, pues a finales de los años ochenta y a principios de los noventa, sobre todo en Latinoamérica, **se volvieron locos con que el portero tenía que jugar también la pelota y ser un participante más del ataque...** Y no me refiero a que la pasaran bien o que no la cagaran mucho con los pies, que eso sigue estando vigente (y, si no, que se lo pregunten a Guardiola, que siempre empieza sus ataques por Ederson).

DE PORTERÍA A PORTERÍA, GUARRERÍA

Jorge Campos era algo parecido. Se especializó en lanzar faltas y penaltis y así llegó a marcar 47 goles en su carrera. A veces, incluso, pedía que lo pusieran como jugador de campo porque se aburría entre los tres palos. Y le daba bien a la pelota, el tío.

De todos, tal vez el que mejor tiraba faltas era José Luis Chilavert, portero paraguayo que jugó en España varios años y que nos hizo la vida imposible en el Mundial del 98. Chilavert las ponía en la escuadra y luego se ponía chulito con el equipo rival. Marcó 48 goles, uno más que Campos.

Pero el portero que batió todos los récords, porque jugó un carro de años y porque era un especialista a balón parado, fue Rogerio Ceni. Rogerio debutó en 1990 y se retiró en 2015, con 42 años. Se pasó 25 años jugando y tirando faltas y penaltis como si fuera Cristiano Ronaldo; no perdía ni una oportunidad. **El resultado: internacional varias veces por Brasil... y 129 goles en el bolsillo.** Para que te hagas una idea, Iniesta se ha retirado con 93, y eso que también ha jugado hasta los 40 años.

TE TIRO UN FACTO

En España no hemos tenido porteros que lanzaran faltas o penaltis excepto como algo muy esporádico. Sí tuvimos un portero, Molina, que jugó unos minutos en la selección como extremo izquierdo porque no quedaba nadie en el banquillo. Fue en un Noruega-España, el 24 de abril de 1996, y el desfase de todo el mundo era tremendo: se partían de la risa con él.

Muchas veces se habla de «la lotería de los penaltis» para desempatar una eliminatoria. **Pues imagínate si, en vez de cinco cada uno, tienen que tirar 26, con varios jugadores tirando más de uno, un portero disparando al otro...** En fin, muy divertido para el espectador al que no le va nada en la historia, pero una agonía para el que vaya con uno de los dos equipos. Y para los jugadores, agotador. ¿Te imaginas la presión de pensar: «¿Y si voy yo y la fallo después de 50 penaltis?»?

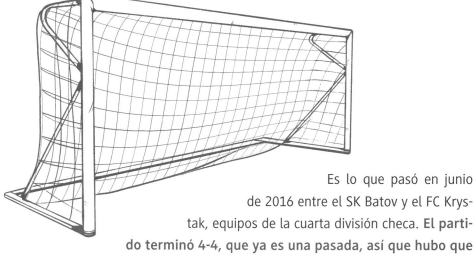

Es lo que pasó en junio de 2016 entre el SK Batov y el FC Krystak, equipos de la cuarta división checa. **El partido terminó 4-4, que ya es una pasada, así que hubo que tirar penaltis para desempatar y ver quién pasaba a la siguiente ronda de ascenso.** Todos metían gol... y, cada vez que uno fallaba, el del otro equipo también fallaba a continuación. Una agonía, aquello. Al final, con 21-20 a favor del Batov, el jugador Jan Hrebacka, del Krystak, falló el suyo y se dio por terminado el partido.

¿Le cayó mucha bronca a Hrebacka? **Pues no, al revés, el público lo ovacionó y los compañeros se fundieron en un abrazo con él.** Lo que pasó luego en el vestuario, no lo sabemos.

Antes de que lo popularizara Rafa Nadal, la selección de Camerún ya se atrevió con una camiseta sin mangas para jugar la Copa Africana de Naciones 2002 y, a continuación, el Mundial de Corea y Japón. **Daba una imagen desafiante, parecida a la del famoso Mark Lenders en** *Campeones*. De hecho, en Camerún empezaron a llamarla «la Musculosa», porque destacaba lo cachas que estaban los jugadores del equipo. Quedaba un poco macarra, pero, en fin, si la cosa funcionaba…

¡A LUCIR BRAZACOS!

Y el caso es que funcionó de maravilla en la Copa Africana: Camerún ganó todos los partidos hasta la final y ahí se impuso por penaltis contra Senegal. En aquel equipo jugaba ya un jovencísimo Samuel Eto'o, aún en las filas del Real Madrid. El Mundial se les dio algo peor: empataron con Irlanda, ganaron a Arabia Saudí…, pero perdieron de paliza con la Alemania de Oliver Kahn, lo que los dejó fuera de los octavos de final.

¿Mereció la pena? Pues si veintidós años después nos seguimos acordando, yo diría que sí.

LOS ONCE CALVITOS: ASÍ SE SOLIDARIZÓ LA PLANTILLA DEL ATHLETIC CON EL CÁNCER DE YERAY

Yeray Álvarez, central del Athletic, anunció en julio de 2017 que tenía que volver a empezar un tratamiento de quimioterapia para recuperarse de nuevo de un cáncer testicular que le había dado el primer aviso el año anterior. **Para Yeray, que entonces tenía solo 22 años, fue un mazazo tremendo y el peligro era que se viniera abajo en lo anímico por la enfermedad...** y que, de alguna manera, sintiera que quedaba de nuevo al margen del equipo de toda su vida.

Afortunadamente, el Athletic es un equipo que cuida de esas cosas con mucho detalle. Los jugadores son como una familia, porque han coincidido muchas veces en los distintos filiales y unos se arropan a los otros... ¿Cuál fue la decisión de sus veintisiete compañeros cuando se enteraron de lo que estaba pasando Yeray? Pues raparse el pelo al cero. **Como ya sabes, la caída de pelo es una de las consecuencias habituales de los tratamientos de quimioterapia y a mucha gente le da un palo horrible**, porque no solo tienes que vivir el miedo y la angustia de la enfermedad, sino que además todo el mundo se entera.

Al raparse el pelo todos, le mandaban un doble mensaje a Yeray: que no estaba solo, que seguía siendo uno más de la plantilla aunque tuviera que estar unos meses recuperándose... y, aún más importante, que no pasaba nada por llevar el pelo al cero, **que, si tenían que jugar once calvitos cada partido, pues jugaban y punto.** Además, como estaban en plena pretemporada y en verano hace un calor que flipas, pues más fresquitos que jugaban.

Yeray acabó recuperándose del todo a los tres meses y pudo jugar parte de la temporada 2017/2018, consolidándose como titular durante unas cuantas temporadas. **Una historia que acabó bien y que debe servir como ejemplo para tantos otros jóvenes que están teniendo problemas ahora mismo y lo ven todo negro.** ¡Ánimo, campeones!

HAPPY FACTO

Algunos jugadores que se han recuperado de un cáncer testicular y han podido seguir jugando al fútbol son Luboslav Penev (Valencia, 1994), Arjen Robben (Chelsea, 2004), José Francisco Molina (Deportivo de La Coruña, 2002), Jonás Gutiérrez (Newcastle, 2013) y Sébastien Haller (Borussia de Dortmund, 2022).

La historia del Leicester City 2015/2016 es de las más emocionantes del fútbol moderno. Un equipo sin estrellas que, comandado por Claudio Ranieri, consiguió mojarle la oreja al City, al United, al Chelsea, al Arsenal o al Tottenham… pese a sus multimillonarios fichajes. **El delantero de aquel equipo era un tipo duro, con pinta de descargar en los muelles, llamado Jamie Vardy.** Vardy marcó esa temporada 24 goles en la Premier y fue el máximo goleador de la competición. Una pasada.

Si para todos sus compañeros aquello era un sueño hecho realidad, para Vardy era la culminación de una vida laboral, como mínimo, complicada. El pibe había trabajado en una fábrica mientras intentaba hacerse un sitio en el Halifax, de la séptima división inglesa. **En sus ratos libres, bebía más de la cuenta y la mezcla de ambas cosas alejaba a todos los grandes clubes…, menos al Leicester City**, que le dio una oportunidad en 2012, cuando estaban en Segunda División.

CLING, CLANG, PUUUFFFF CLANG, CLING.

ONE CLUB MAN

Vardy ayudó al ascenso en 2014, lideró al equipo al campeonato y se mantuvo ahí pese a ofertas multimillonarias que ignoró por amor a su club. **A sus 37 años, sigue en el equipo, de nuevo en Segunda, aunque acaba de ascender.** Marcó 18 goles la pasada temporada, así que ojito con él, que no es de los que se echa a un lado con facilidad.

LA ALUCINANTE HISTORIA DE SUPERACIÓN DE EDUARDO CAMAVINGA

De Camavinga conocemos la versión *crack*. La que ha levantado la Champions con el Madrid y ha jugado la Eurocopa con Francia…, pero su infancia fue un auténtico infierno. **Sus padres vivían en la República Popular del Congo cuando estalló en 2002 una tremenda guerra civil.** Aún en la tripa de su madre, huyeron a Angola, donde tuvieron que pasar unos meses en un campo de refugiados antes de que surgiera la oportunidad de emigrar a Francia.

NO RENDIRSE COMO FORMA DE VIDA

La familia Camavinga vivió entre Lille y Fougères, en barrios pobres y poco recomendables, donde el pequeño Eduardo ya destacaba por su habilidad con la redonda. Cuando las cosas parecían estabilizarse, a los diez años, un incendio se llevó por delante la casa familiar con casi todas sus propiedades dentro. Tocaba empezar de cero otra vez. Y así lo hicieron: sus padres siguieron trabajando y él consiguió llamar la atención del Stade Rennes, un clásico de la liga francesa.

Ahí debutó en el fútbol profesional, con 16 años, y **se notaba que ese chico era ya un hombre maduro por todas las fatalidades, capaz de encontrar la mejor solución en el campo como lo había hecho en la vida**. Desde entonces, no ha hecho más que progresar hasta convertirse en lo que es hoy: ¡un indispensable en cualquier equipo del *FIFA*!

EL *CRACK* QUE ESTUVO A PUNTO DE DEJAR EL FÚTBOL

Cuando llegó al Madrid en el verano de 2019, no llamó la atención de nadie. Era el suplente de Marcelo. Punto. El caso es que Ferland Mendy se ha ido ganando un estatus en el equipo y entre su afición **gracias a saber hacer siempre lo que hay que hacer, no cometer errores y centrarse en lo defensivo dentro de un equipo que tiende a atacar todo el rato**. No va de top por la vida y le renta con ese segundo plano con el que ya ha ganado dos Champions League. Que no las regalan.

NO LE REGATEA NI UN MAL DIAGNÓSTICO

Lo que seguro que no sabías era que Mendy estuvo a punto de dejar el fútbol cuando tenía solo 15 años. **Con once le detectaron artritis en la cadera, y a esa edad lo operaron y tuvo que pasarse meses en silla de ruedas.** Los médicos más pesimistas le dijeron que tal vez tuvieran que amputarle una pierna; los más optimistas, que nunca volvería a jugar al fútbol. Todo eso a Mendy le dio igual: su sueño era jugar y no dejó que ningún pronóstico lo venciera.

A los 18 años fichó por Le Havre; lo tuvieron un par de años en el filial y, cuando vieron que el tío valía, venga, *p'arriba*, al primer equipo. Aguantó un año completo como profesional, se fue al Olympique de Lyon y con 24 años, es decir, nueve después de su operación, lo fichó Florentino para el Madrid para convertirse en una pieza absolutamente clave del primer equipo. Jugador de culto, si me preguntan.

LA PORTERA DEL CHELSEA... ¡TAMBIÉN JUEGA AL BALONCESTO PROFESIONAL!

Hay gente a la que no nos gusta tener que elegir. Lo queremos todo en la vida. Sobre todo, cuando tenemos 18 años y todo el futuro por delante, ¿qué no? **Así es Katie Cox, una de las grandes promesas británicas tanto en fútbol como en baloncesto.** Ella dice que practicar los dos deportes la ayuda, y tiene su lógica: el baloncesto es un juego donde siempre hay que tener ubicado el balón y a las compañeras. Es más rápido, más explosivo, ideal para desarrollar los reflejos.

Cox juega en las London Lions. Aunque es bastante alta, algo muy bueno en una portera, la ponen siempre de base por su visión del campo. También ha jugado con la selección británica femenina en categorías inferiores. Una *crack* del básquet, vaya. **Lo curioso es que la tía también está en el Chelsea, uno de los mejores equipos femeninos de fútbol del mundo.** No juega mucho porque aún es muy joven, pero es fija en la selección sub-19 y en el filial.

Tarde o temprano se tendrá que decidir, pero tiene tiempo de sobra para ello. También puede que haga carrera en el Chelsea, porque el fútbol femenino mueve más pasta… pero tal vez siga haciendo sus pinitos en el básquet. **Si tú puedes hacerlo en el patio del instituto ¿por qué no va a hacerlo ella, que además es muy buena?**

DATO 93

EL RÉCORD MÁS LOCO DEL MUNDIAL DE QATAR

A Messi siempre le decían que tenía que ganar un Mundial para ser el mejor de la historia, y el pibe se lo tomó en serio. **Aunque probablemente su *prime* ya había pasado, el argentino nos dejó un Mundial de Qatar 2022 de auténtica locura.** Marcó en la fase de grupos (contra Arabia Saudí y contra México); marcó en octavos de final (contra Australia); marcó en cuartos (contra Países Bajos); marcó en semis (contra Croacia) y marcó dos de los tres goles de la final contra Francia.

¡DE LOCOS, PA!

En total, fueron siete goles, muy lejos de los trece que marcó Fontaine, pero que le valieron para conseguir un récord loquísimo: **es el único jugador de la historia en marcar en TODAS las rondas de una Copa del Mundo.** Nadie, hasta ese momento, lo había conseguido: ni Pelé, ni Maradona, ni Cruyff, ni Ronaldo, ni Klose... Y hay que tener en cuenta que, desde que hay 32 equipos participantes, se juegan más partidos y, por lo tanto, es mucho más complicado cumplir con el requisito. Lo que hubiera sido increíble es que le hubiera marcado también a Polonia y hubiera marcado en TODOS los partidos disputados, del inaugural a la finalísima.

TE TIRO UN FACTO

Cristiano Ronaldo es el jugador que ha marcado en más fases finales de distintos Mundiales. Marcó en Alemania 2006, Sudáfrica 2010, Brasil 2014, Rusia 2018 y Qatar 2022. También tiene el récord en la Eurocopa, con cinco consecutivas, de 2004 a 2021 (se quedó sin marcar en 2024 y eso que tuvo hasta un penalti para lograrlo). Con goles en cuatro Mundiales quedan Leo Messi, Pelé, Uwe Seeler, y Miroslav Klose. El único Mundial en el que Messi no marcó fue el de Sudáfrica 2010. El pulpo Paul le echó una maldición, ¡seguro!

Por cierto, los españoles que han marcado en más Mundiales distintos son David Villa (2006, 2010 y 2014) y Raúl González (1998, 2002 y 2006). Nadie ha conseguido marcar en cuatro ediciones distintas, pero es que eso son como mínimo doce años a un nivel estratosférico… ¿Será Lamine Yamal el elegido?

¡Vaya pedazo de Mundial que se marcó James en Brasil, chaval! Vamos, que de ahí se fue directo al Real Madrid como estrella, y no era para menos. **El colombiano, que aún sigue jugando de vicio, pegaba unos leñazos al balón que lo ponía, además, donde le daba la gana.** James lideró a una de las mejores selecciones colombianas de la historia, que consiguió ni más ni menos que pasar a cuartos de final, donde se enfrentó con la anfitriona, Brasil, que todo el mundo daba por hecho que iba a arrasar.

CRI, CRI, CRI, CRI… ¡PLOF!

Pero no fue así. Brasil se puso 2-0 por delante, vale, pero los colombianos no se rindieron en ningún momento. Estuvieron atacando hasta el minuto 80, en que el portero Julio César (el romano, no; el otro) cometió un penalti. James lo tiró a trallón y puso el 2-1 en el marcador. **Cogió el balón y se lo llevó al centro del campo para no perder tiempo, pero tan concentrado iba que no se dio cuenta de que no celebraba solo.**

En su camiseta se había instalado como invitado de lujo un saltamontes. No sé lo que mediría el bicho ese, pero ahí se quedó un buen rato hasta que alguien le dijo algo a James y consiguió quitárselo de encima.

Al final, el partido se lo terminó llevando Brasil **(para caer en semifinales 7-1 contra Alemania)** pero la exhibición de James fue tal que quedará para siempre en la historia de los Mundiales.

EL ÁRBITRO MARRULLERO QUE NO SUPO GESTIONAR SU IRA

En el fútbol yo he visto de todo. Sobre todo, con los árbitros. **Y hay que reconocer que a veces son muy malos y sacan de quicio hasta al más cuerdo, pero lo que tienen que aguantar no es normal**: protestas constantes, todo el estadio acordándose de su madre, una presión que flipas con cada decisión… Es normal que a veces revienten y pierdan los papeles.

Cuando eso pasa, suelen liarse a tarjetas con el mundo, pero **Tony Chapron, un árbitro francés, decidió tomarse la justicia por su mano**. Corría el minuto 90 de un partido entre el Nantes y el PSG y ganaban los visitantes por 0-1. Bueno, pues en esas que hacen una contra los del PSG y hay un jugador, Diego Carlos, del Nantes, que no ve al árbitro —o no quiere verlo— y lo empuja por la espalda. Hasta aquí, bueno, pues puede ser un lance del juego, un poco de mala leche, vete a saber…

«ARBI», NO ME SEAS TAN RENCOROSO

Lo disparatado es que Chapron, que salió rodando como una pelota, aprovechó que estaba en el suelo ¡para tirarle una patada a Diego Carlos! ¡Eso es roja! Bueno, pues no solo no le pidió perdón al jugador del Nantes, sino que le sacó una amarilla y como era la segunda, lo mandó a la calle. Para que luego nos quejemos de los nuestros…

UN ESPONTÁNEO DESNUDO DETUVO EL GRANADA-MANCHESTER UNITED

No hace tanto que el Granada era un equipo correoso que luchaba por colarse en Europa. En 2020, tras una gran temporada, logró clasificarse para la Europa League y no decepcionó a nadie. **Quedó segundo en su grupo, solo detrás del PSV Eindhoven; eliminó en dieciseisavos al Napoli; en octavos, al Molde y se cruzó en cuartos de final con el todopoderoso Manchester United**, uno de los equipos más ricos del mundo.

El primer partido se disputaba en Granada y la peña estaba muy loca. No solo podían pasar a semifinales, sino que enfrente tenían a uno de los mejores equipos de la historia del fútbol. La expectación era enorme. Tanta que uno de los aficionados no pudo evitar hacer la gracieta para ganarse sus cinco minutos de fama. Acababa de empezar el partido y el Granada iba a sacar de banda, cuando, corriendo, desde uno de los córners, **el muchacho este salió en pelotas a darse una vuelta, que es lo típico que uno hace en abril cuando empieza a correr *la caló* en Granada.** ¡TOLÓN, TOLÓN! ¡TOLÓN, TOLÓN!

LA CALENTADA DEL SIGLO

Que sepamos, el tipo no reivindicaba nada y tampoco intentó hacer daño a nadie. **Simplemente sintió que era su momento de gloria y ahí se puso a dar una vueltecita con todo colgando.** Los de seguridad tardaron un minuto en echarle el lazo y retirarle del campo. Durante todo ese tiempo, los aficionados estaban muertos de la risa… y, probablemente, los jugadores también. Por cierto, el Granada perdió 0-2 y quedó eliminado. Una pena.

DATO 97

EN LA SELECCIÓN DE ESTADOS UNIDOS, ¡JUEGA UNA FUTBOLISTA MANCA!

El fútbol femenino es una religión en Estados Unidos. **Aquí nos estamos empezando a hacer una idea, pero allí el fenómeno empezó mucho antes, en los años noventa.** Han ganado Mundiales, Juegos Olímpicos, de todo… Formar parte de su selección es complicadísimo. ¡Hay como 150 millones de tías en todo el país; imagínate ser una de las veinticinco mejores jugando al fútbol! Solo van las que de verdad se lo han ganado y las que tienen el nivel suficiente. Ahí no le regalan nada a nadie.

UNA HEROÍNA CON UN SOLO BRAZO

Tampoco a Carson Pickett. **De todas las historias de superación que hemos visto juntos, esta es de las más flipantes… porque Pickett ¡nació sin mano ni brazo izquierdo!** Toda su vida tuvo que aprender a hacer las cosas con una sola mano y un solo brazo… y no solo consiguió practicar el deporte que más le gustaba, sino que fue de las mejores de su universidad, debutó en la NWSL y acabó jugando con su selección contra España en 2022. ¡Qué pasada! Pickett juega ahora en el Racing Louisville y tiene ya 30 años. Por supuesto, en Estados Unidos es un personaje superfamoso, un ejemplo para todo el que nace con un problema y ya le dicen que no va a poder hacer nada. **¡Pues Carson sí que pudo, así que tú también: a por ello!**

Subir a Primera División es la leche, bro. No sé si tanto como ganar un título, pero ves a la gente celebrándolo y te quedas a cuadros. **A ver, que yo, de esto, ni idea, porque mi Athletic no ha descendido nunca, pero, vaya, por lo que veo por ahí...** Por el mismo motivo, entiendo que quedarse a un paso de subir y no conseguirlo tiene que ser desolador. Te voy a poner dos ejemplos para que entiendas que el fútbol no es siempre ir a la fuente de tu pueblo a celebrar...

En 2014, el Córdoba y el Las Palmas se jugaban la final de la promoció de ascenso. Jugaron primero en Córdoba y empataron a cero. La vuelta era en las Canarias —qué envidia— y la Unión se puso por delante en el primer tiempo. Pasaban los minutos y en el Insular se empezó a celebrar a lo grande. **Con ese resultado, volvían a Primera después de doce años..., pero un solo gol del Córdoba clasificaba a los andaluces.**

Viendo el partido, el empate parecía imposible. Las Palmas dominaba, jugaba bien, *tiquitaca* y tal... y, cuando llegó el descuento, **¡el público acudió a invadir el campo para celebrar!** El «arbi» tuvo que añadir más minutos y en esas que... ¡CHOF! Gol del Córdoba. Vaya chasco, chaval. Todo el mundo llorando, hecho polvo... Un auténtico dramón, vamos. Si es que el fútbol no perdona, y estas cosas siempre se pagan. Menos mal que al año siguiente sí que consiguieron subir.

TIRA UN POCO MÁS, QUE ESTE EIBAR NO SUBE NADA…

Algo parecido le pasó al Eibar en 2022. Bueno, para mí, mucho peor. Te cuento: los vascos estaban en puesto de ascenso directo a Primera y tenían que jugar la última jornada en Alcorcón, contra un equipo que no se jugaba NADA, porque ya estaba descendido. Les valía hasta el empate, tú. Y tanto jugaron a lo de empatar que, al final, marcó el Alcorcón en el minuto 92 y se quedaron sin ascenso directo.

Muchos pensaron: «Bueno, pero en la promoción arrasamos» y, efectivamente, jugaron el primer partido en casa del Girona y ganaron 0-1. Todo hecho para el partido de vuelta, ¿verdad? Pues tampoco. **Marcó el Girona nada más empezar el partido, mandó el partido a la prórroga y ahí sentenció Stuani.** Qué decepción, es que no me lo puedo ni imaginar. Tenerlo tan cerca y que se te escape entre los dedos… OUCH. En fin, que lo peor no es eso. Lo peor es que los dos años siguientes les ha pasado lo mismo: han caído en la promoción de ascenso tras pasar un porrón de jornadas en puestos de ascenso directo.

¡Aúpa, vecinos, que pronto nos vemos en Primera!

Me voy con un poquito de música, que alegra el alma. Te hablé al principio de Julio Iglesias porque, probablemente, sea el ejemplo más conocido…, pero hay muchos más futbolistas que se han animado a ponerse delante de un micrófono, durante su carrera o una vez terminada. **Ahora ya no se hace tanto, pero en los años ochenta y noventa, lo de poner a un montón de futbolistas a berrear para celebrar un título o para preparar un campeonato** y luego sacarlo como disco era habitual.

Si tus padres son del Barça, **seguro que se acuerdan del rap que sacaron Bakero, Koeman, Laudrup y otros jugadores del *Dream Team* de Cruyff cuando ganaron la liga de 1991**. También se acordarán de que la selección, con Javier Clemente, grabó una canción con la cantautora Rosana que se llamaba «Quiero estar contigo» y que era algo así como una promoción para el Mundial 98. No sé cuánto *auto-tune* le tendrían que meter a eso para que se pudiese medio escuchar.

¡AAAAAAAAAARGHHHHHHHH!

En plan solitario, **Dani Alves grabó en 2018 la canción «Suave», con Pinto Wahin (el apodo de José Manuel Pinto, exportero del Barcelona, entre otros equipos) y Thiago Matheus.** Iba a ser la canción del verano, pero, por lo que fuera, no funcionó demasiado bien. Sorpresón, ¿no? Ronaldinho también se animó a los gorgoritos en colaboración con varios cantantes brasileños. **Si te ves con ánimos, puedes meter en YouTube la de «Vamos**

beber» todo un canto de amistad… a la botella. Otro que le da al micro es Memphis Depay (o Memphis a secas, como él prefiere). No bromeo cuando digo que el pop/rap de Memphis tiene más flow de lo que te imaginas.

Pero mis favoritos, sin duda, son Sergio Ramos y Jesé. El de Camas colaboró con un par de artistas y sacó su propio rap en solitario: «SR4». Si quieres echarte unas risas mírate el videoclip de «No me contradigas». Jesé, por su parte, tuvo (y sigue teniendo) una prolongada incursión en el mundo de la música, tanto en solitario (con el apodo Jay M) como en grupo (Big Flow).

¡Tiembla, Quevedo!

TIEMPO DE DESCUENTO Y PITIDO FINAL

Esto se ha terminado, chaval. Si has llegado hasta aquí, quiero darte las gracias de corazón por acompañarme en este increíble viaje por las profundidades del deporte rey, lleno de datos curiosos y anécdotas surrealistas e impactantes. Espero haber ampliado tu conocimiento sobre fútbol, pero, sobre todo, haber conseguido que te enamores todavía más (si es posible) de este maravilloso deporte.

Como muchos ya sabréis, me llamo Reysa (bueno, realmente mi nombre es Asier. «Reysa» viene de mi nombre real escrito al revés e intercambiando la «i» por una «y», ya que quedaba mejor, je, je, je). Soy un apasionado del fútbol que encontró en las redes sociales una plataforma para compartir esta pasión con el mundo. Cuando estoy escribiendo esto, cuento con 1,6 millones de seguidores en TikTok, 800.000 en YouTube y 300.000 en Instagram. ¡Quién sabe cuántos seremos cuando tengas este libro en tus manos! Lo que sí sé es que ninguno de estos números sería posible sin el apoyo constante de personas como tú, que me siguen día a día y disfrutan con los retos y locuras que subo con mis amigos.

Esta historia empezó hace ya ocho años, cuando comencé a subir mis primeros vídeos a YouTube. Para quien no me siga desde entonces, te cuento que hasta 2023 mi contenido estaba centrado exclusivamente en contenido de la saga de videojuegos *FIFA*. Sin embargo, en 2023 decidí dar un giro drástico y arriesgado: dejar de lado los vídeos de *FIFA* y enfocarme en el fútbol real, poniendo como meta crear contenido que reflejara mi auténtica pasión por este deporte.

Hoy, tiempo después, puedo decir con orgullo que he logrado cumplir ese objetivo. He hecho realidad mi sueño y ahora vivo de lo que más me gusta: crear contenido de fútbol con mis amigos. Este cambio me ha permitido cumplir otros grandes sueños, como grabar con futbolistas profesionales, presenciar la final de la Eurocopa en el estadio Olímpico de Berlín, ver al Athletic ganar la Copa después de cuarenta años en La Cartuja, navegar en un barco durante la Gabarra por la ría de Bilbao, asistir a partidos de Champions en estadios icónicos como el Bernabéu, y hasta firmar autógrafos o hacerme fotos con muchos de vosotros por la calle.

Y ahora, con este libro en mis manos (¡y en las tuyas!), puedo tachar otro sueño cumplido de mi lista. Mi primer libro, el cual espero que no sea el último, es un reflejo de mi pasión por el fútbol y de mi deseo de compartirla contigo. Espero que hayas disfrutado tanto leyéndolo como yo disfruté escribiéndolo.

Gracias por acompañarme en este viaje, y, ahora que conoces tantas curiosidades sobre el fútbol, ¡espero que puedas dejar a tus amigos con la boca abierta!

Nos vemos en las redes, en los estadios o donde el fútbol nos lleve.

Con cariño,

Reysa